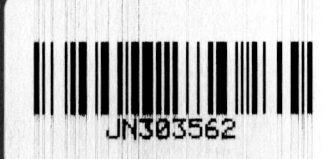

サイクリング!
ブルース

自転車はブルースだ。

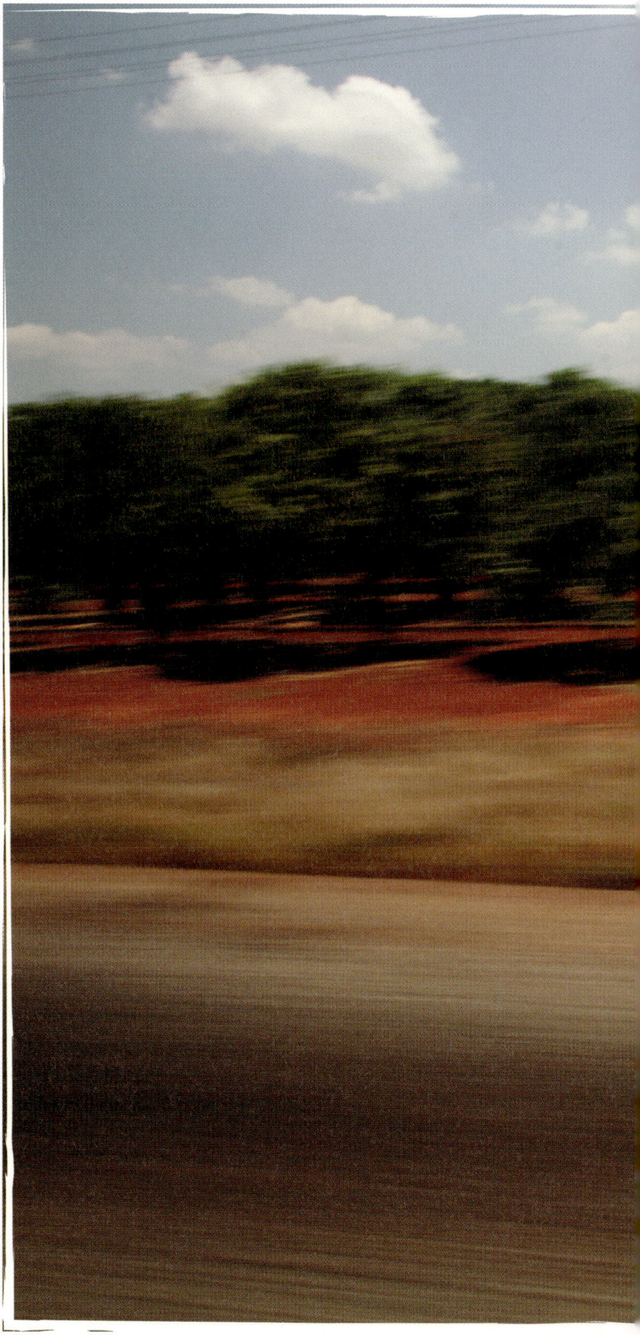

底抜けに明るく目的地まで運んでくれるぜ。

COLORSOUND

自転車はブルースだ。クルマや観光バス
ではわからない。走る道すべてにブルースが
あふれている。楽しくて、つらくて、かっこいい。
憂うつで陽気で踊り出したくなるような
リズム。子供にはわからない本物の音楽。
ブルースにはすべての可能性がふくまれている。
自転車はブルースだ。底ぬけに明るく目的地
まで運んでくれるぜ。
忌野清志郎

C O N T E N T S

Column

旅に出よう

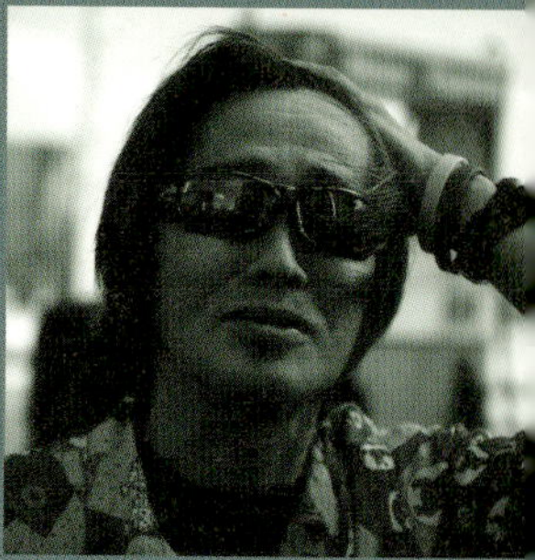

Long Slow

自転車で走っていると、風がまわってるのを感じる。道のうねりを感じる。
長く走れば走るほど、自然に対する想いが深まって、
もっと遠くに、どこまでも、どこまでも、旅がしてみたくなる。

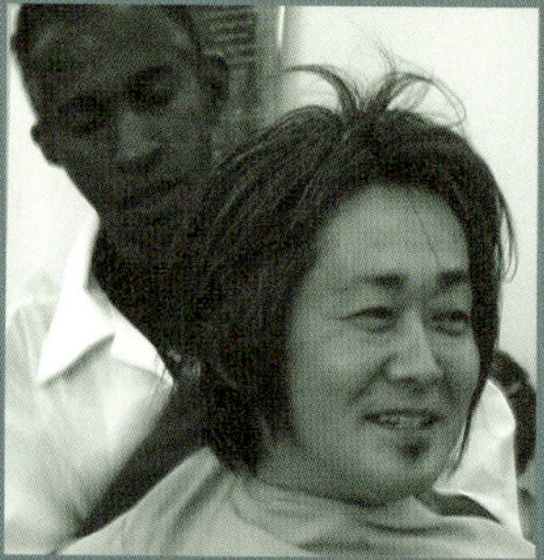

Distance

キューバの首都、ハバナの海沿いの道、マレコン通りを走る。

悪い道だった。凸凹の道だった。貧しい国の道であった。
しかし、どこまでも続く南国の道は、信号もなく、交通量も少なく、走りやすく素《す》晴《ば》らしい道だった。最高の道だった。もう一度、走ってみたい……そう思える道だった。

CUBA

CAMPAGNOLO

ヨーロッパ建築の古い建物が建ち並ぶ世界遺産の街、シエンフエゴス（右上）とトリニダー。街ごとに違う建築様式は、スペイン、フランス、オランダ、イギリス、アメリカと、さまざまな国の領地争いに翻弄《ほんろう》されたキューバの歴史の遺産。

キューバの田舎では、馬は一般的な交通手段。

社会主義国を訪れるのははじめてで、
毎日が驚きの連続だった。
社会主義は貧富の格差が少なくて、
平等だと思っていたら、ぜんぜん違う。
外国人と一般人と権力者との間に
大きな隔たりがあって、
そこには相いれない格差を感じた。
見返りがないから皆働く気がないし、
稼ぎたいやつが亡命するのもわからなくもない。
しかし、その一方で人々は明るく人なつっこく、
今の日本にはない、ゆるりとした空気があった。

トラックの荷台を利用したバスと、馬車バス（下）。

こんな凹凸の悪い道を走るのははじめてで、
どの道も驚きの連続だった。
国道なのに車が上れないような急坂が
〝存在している〟ってことに驚いた。
車がビュンビュン走る高速道路を、
馬車や馬や自転車が
走っていることに驚いた。
馬の糞《ふん》だらけの道、ハゲタカが舞い降りる道、
青いカリブ海を望む道、オレンジ畑のなかを
果てしなく続くまっすぐな道……。
どの道も、最高だった。

キューバ北部の海沿いの道を、体の軸がぶれない軽快なペダリングで快走する。

左右／地元で「モンターニャ・ルサ（山のジェットコースター）」と呼ばれる、車も上れないほどの急坂を休み休み上る（トリニダー近く）。

左上／キューバ北部の街、カルデナスは街中に自転車が溢《あふ》れている。街を象徴するモニュメントが自転車なほどだ（P108参照）。左下／途中で出会ったキューバの自転車選手。自転車は、キューバの国技のひとつ。右上下／世界遺産の村、ビニャーレスの葉巻農家で。

キューバ西部に位置する、ビニャーレスの谷（世界遺産）を走る。点在する建物は葉巻農家。

ハバナの海沿い、マレコン通りの夜景。

旅の途中、自転車レーサーと出会った。
メットも手袋もなく、タイヤを外す工具がスプーンだった。
旅の途中、キューバの音楽に出会った。
ほとんどが観光客相手で、音楽が、可《か》哀《わい》想《そう》だ
と思った。
だけど自転車選手も音楽家も、明るく陽気で
親切で、人間的にいいやつだった。
音楽はリズムの大きな感じが素晴らしく……
またいつか、 キューバを訪れて、自転車の上
から、この国を見つめてみたいと思う。

column

BIKE PACKING

輪行旅のススメ

自転車をバッグに入れて、電車やバス、飛行機などで持ち運ぶ輪行は、自転車旅の行動範囲を広げる。ただし飛行機で運ぶ場合は規定があるので、下記の点に注意したい。

基本的に自転車はバイクボックス（長さ180㎝、奥行30㎝、高さ80㎝の箱）か、専用キャリアケースまたは輪行袋に入れて預ける。15kgまでは無料。ボックスに入れる際は、ハンドルはフレームと平行に固定、ペダルと前輪を外す。タイヤは気圧でパンクする恐れがあるため、必ず空気を抜く（自転車専門店で講習を）。また、空港や航空会社によっては、バイクボックスの用意があり、自転車をそのまま預けることも可能だが、ボックスの数に限りがあるので問い合わせが必要だ。

ホイールバッグ／取り外したホイールやスペアホイールを保管する専用バッグ。¥2,625Ⓙ

バイクパック／飛行機の移動で傷つけず運べるダンボール製輪行パック。¥3,675～Ⓓ

軽量で、収納サイズの小さい携帯用の輪行バッグは、バスや電車の移動に便利。

ハワイ・オアフ島東海岸沿いを、１００マイル（１６０ｋｍ）走る
自転車レース「ホノルル センチュリー ライド」。
初めて参加したのは、２００３年夏。今では毎年恒例の、真夏のバケーション。

HAWA

II

初挑戦した、2003年のセンチュリー ライドは、160kmを約6時間40分で完走。

スタート地点のカピオラニ公園で（写真は2003年）。

スタート直前、緊張が高まる。

人それぞれ、生き方が違う分、自転車に対する想《おも》いだって違う。
１分１秒、タイムを競うことを目標に掲げている人もいれば、レースの勝ち負けに興味がなく、ただ、長く遠くまで走れるだけで満足できる、僕みたいな人間もいる。
僕にとって自転車で走ることは、脱サラみたいなもん。
仕事を休んで、好きなことやって、とにかく自転車の上でイイ気分でいられれば、それでいい。

海沿いのフラットなワインディングロードを快走する。

ハワイで休日を楽しむ。右写真は、コース途中にある、景勝地、チャイナマンズ・ハット。

勝ち負けにこだわって、頑張り過ぎると息切れする。
どんな険しい坂道も長い道のりも、いつかは着くだろうと、ゆるい気持ちで走ることが大切だ。
これは、人生にもいえること。
いくら頑張っても、世間の評価とかはそう簡単にはついてこない。
そんな経験を僕なんかずっとしてきたから、そういう価値観にしばられたくない。
なによりも大事なことは、自己満足。
自分の走りに納得できれば、それでいい。

2005年のセンチュリー ライドも完走。

column

LSD PLANNING

LSDな旅計画

長期間自転車で旅をするとき、事前にやっておかなければならないのが、マップ・プラン作り。とくに走行距離の計算は重要で、これをもとに、昼食をとる場所や休息地、宿などを選択し行程を組むと、旅がスムーズに行える。

走行距離の計算は、できるだけ縮尺の正確な地図を使う。距離を測る定規は、地図上のルートをなぞってトレースするタイプのマップメーター（登山用品店で購入可能）を使うと、カーブなどがラクに測れ正確だ。マップメーターがない場合は、細い紐《ひも》に縮尺を印し、それを定規にすれば、大まかな距離が測れて、プランの目安になる。

また林道など、迷いやすい道のプランニングにはスケール付きコンパス（右上写真。登山用品店で購入可能）が便利。地図の方位とコンパスの磁針方位にはズレがあるので、あらかじめ地図上にコンパスの磁針方位を書き込んでおくとよい。

地図にルートを記す場合は、マップメーターで測って１㎞ごとにポイントを落とし、そのポイントの標高を、スタートから順に方眼紙に点で記す。すべての点を線でつなげば、勾配グラフが出来上がり、厳しいアップダウンを実際に走るときの、体力コントロールに役に立つ。

計算した距離や勾配を事前に知っておくことは、休憩のタイミングなどペース配分の参考になる。また、自分の体力や技術を考慮した上で、１日の走行距離を決め、宿を選択しよう。

沖縄

90歳のおばあが言った。「人の情けに耳を傾けない人間は、寂しく生きるよ」。重い言葉だった。（浜《はま》比《ひ》嘉《が》島）

初めて沖縄に行ったのは1970年代、日本に返還されてすぐのとき。そこはまさにアメリカ。ステーキは旨《うま》いしロックは冴《さ》えてるし……。その一方で、俺《おれ》たちみたいに髪の長い連中を、「お前ら日本人か」って怒る人もいる。なんて複雑な島なんだ。そのとき、そう思った。

それから約30年後。沖縄を自転車で3回旅した。
さすがに雰囲気は様変わりしたが、米国文化を受け入れ、支えられながらも、基地問題を抱える沖縄の複雑さは、相変わらずだった。
正直、自分の気持ちも複雑になる。
本土に住む自分が「米軍反対」「賛成」とか簡単に言えないように、素通りするだけの自分は、「海が綺麗《きれい》」とか「文化がおもしろい」とか、単純に喜べない。
ただひとつ言えるとすれば、そんな複雑で結論の見えない、沖縄という島が好きだということ。

左上／沖縄本島西海岸沿いの道を快走。中央下／道沿いに点在する沖縄名物のアイスクリーム屋で休憩をとる。暑い沖縄でのクールダウンは、アイスクリームに限る。右上／名《な》護《ご》の海岸で1日目のツーリングが終了。2日目、辺《へ》戸《ど》岬手前で転倒事故（P41参照）。右下／米軍基地の前で。（写真はすべて2004年4月。沖縄本島西部）

バンマスであり自転車仲間でもある、ギタリストの三《み》宅《やけ》伸《しん》治《じ》さんと。（2004年11月／勝連町、現うるま市）

自分の自転車人生にとっても、沖縄は、複雑な想《おも》いを残した。
本島一周を試みたが、１度目は距離を間違え、
２度目は転倒事故のため、断念。
３度目は膝《ひざ》を痛めて中途挫《ざ》折《せつ》……。
何度リベンジしても、なぜか走らせてくれない。
どうしてだろうと思った。なぜだろうと考えた。
結論は出ないが、ただひとつ確かなことがある。
それは、もしすんなり成功していたら、こんなに沖縄に足を運ぶことはなかったってこと。
沖縄という島が忘れられなくなったってこと。

左上下／本島東部の町、金《き》武《ん》のレストランで食事。右上／本島東部、浜《はま》比《ひ》嘉《が》島で、名曲サイクリング・ブルースを熱唱。右下／安《あ》田《だ》集落に立ち寄り買い物。右は安田小学校で。（2004年11月。本島東部）

本島西海岸沿いをバイク仲間と走る。（2004年11月）

自転車に乗ると、風とか雨とか自然との距離が近くなって、自然への畏《い》敬《けい》の念を強く感じる。人間も自然の一部なんだって思えて、自分の存在が虫けらのようにちっぽけに感じて……。
骨折とか挫折とか、人生のなかでもなかなかできない経験ばかりで、いいのか悪いのかわからないけれど、少なくとも自分はこれからも乗ることをやめない。
なぜなら、自転車に乗ることは、仕事の上でも、生活の上でも、自分が生きていくために、なによりも、イイ感じだから……。

column

ACCIDENT

リベンジの理由

事故が起きたのは2004年４月。出版社の仕事で、沖縄一周走破に挑戦したときのことだ。

初日、那《な》覇《は》から約70㎞の道のりを楽々とクリア。ところが２日目、本島北端・辺戸岬の下り坂カーブで、オーバースピードが祟《たた》り縁石に激突。左肩鎖骨骨折、全治２か月、入院、手術……という、ギターを抱えるミュージシャンにとっては致命傷ともいえる大惨事となった。

ついにやっちゃった……という感じである。でも、これでやっと、一人前の自転車乗りになれたと、ちょっぴり嬉しくもあった。

なんせ、人間万事塞翁《さいおう》が二輪（馬）。こんなトラブルだって、考え方ひとつで追い風に変わる。だから再度、沖縄リベンジ。気がつけば、次は４度目のリベンジである。

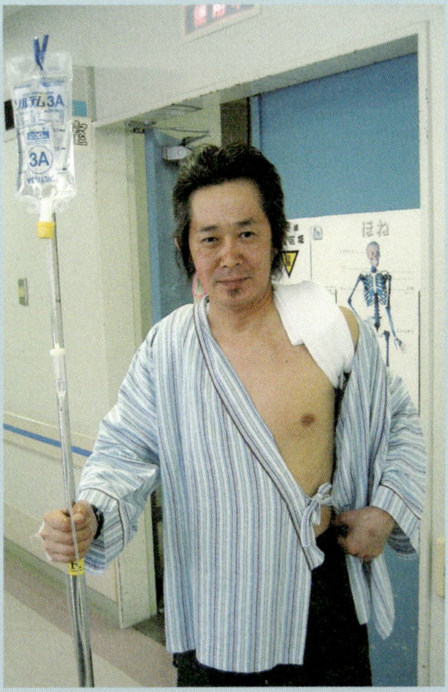

九州

ある自転車乗りに聞いた。「東京から鹿児島まで自転車で行けると思う？」
するとこんな答えが。「LSD（ロング・スロー・ディスタンス）なら大丈夫さ」
長い距離をゆっくり走る……ちょっと、いいかもしれない。

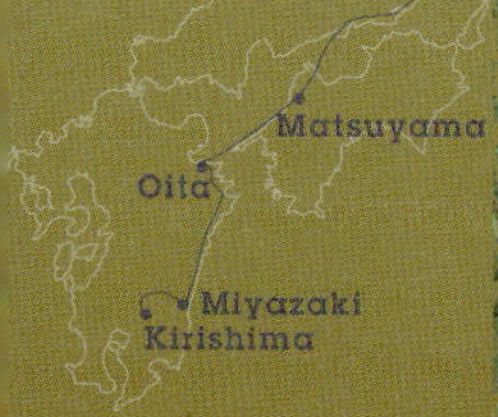

ツール・ド・鹿児島のゴール地点、妙見温泉の宿、雅叙苑でくつろぐ。

2000年冬、雪山で雪崩《なだれ》に巻き込まれた息子を、80歳の父親が、吹雪《ふぶき》のなかを探しまわり、
救出したというニュースを耳にした。
人間の秘めたる能力に衝撃を受け、我が身を振り返る。
自分には、子どもを助けられるだけの、そんな体力が備わっているのだろうか。
ならば自転車で試してみよう。このひらめきが、新しい旅の始まりだった。

左／東京・日本橋に集結したツール・ド・鹿児島のメンバーは、忌野清志郎のほか、RUFFY《ラフィー》 TUFFY《タフィー》（武田真治、藤井裕、宮川剛）、デザイナーの小嶋謙介。日本橋を出発し、友人が経営する九州鹿児島の温泉を目指す。右下／ゴール直後にみんなでおこなったシャンパンかけ。

JEAN DELATOUR

数十年ぶりに乗るロードレーサー。ギアやペダルの機能が進化していて、予想外にラクに走れることに驚いた。
3日、4日と走るうちに、今度は体が慣れてきて、寄り道するより、走ることのプロセスが楽しくなった。
自転車に8時間とか9時間とか長く乗れることが夢のようだった。
東京～九州・鹿児島1422㎞、10日間で完走。本格的に自転車を始めて約半年、50歳になったばかりのころだった。

2001年9月24日、10日間におよぶツール・ド・鹿児島、完走。ゴール地点の宿泊所、妙《みょう》見《けん》温泉雅《が》叙《じょ》苑《えん》（霧島市）がこの日のために用意した露天風呂にダイブ。夢のような時間。

小雨降りしきるなか、川沿いの旧遍路道を行く。

四国

全行程約１４６０㎞の、四国八十八か所札所巡り。歩けば40日、車で10日かかる遍路道。道は坂また坂の険しく厳しい修行の道。そこをロードレーサーで駆け抜ける。この道は車ではダメである。歩きや自転車でなければ、〝感じられない〟道である。

24番札所「最《ほつ》御《み》崎《さき》寺《じ》」に向かう道は、階段もあるが、自転車ならこの坂道。

弘《こう》法《ぼう》大《だい》師《し》空《くう》海《かい》が修行の道として歩き、
約1200年もの間、歩きつがれている遍路道。
以前から自転車で走ってみたいと思っていた。
お遍路というよりは〝道〟そのものに興味があった。
走ってみれば、上っても上ってもその先に急坂が続く筋トレ道。
さらに毎日毎日、雨の道。徳島から室《むろ》戸《と》岬までの約220㎞、
走り終わってわかったことがある。四国の遍路道は、一周して
はじめて感じる場所だということ。またいつか、きっと必ず……。

左上、中上／１番札所「霊《りょう》山《ぜん》寺《じ》」。右上／20番札所「鶴《かく》林《りん》寺《じ》」。左下／10番札所「切《きり》幡《はた》寺《じ》」の参堂へ向かう階段。右下／地図は、梨ノ木峠。でも標識は……。

箱根

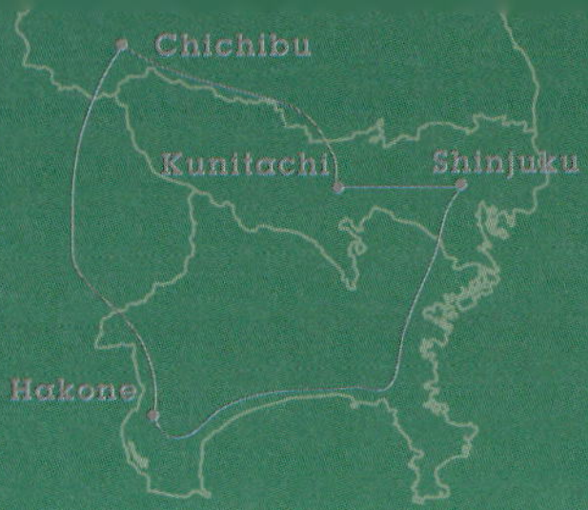

まだ車も電車も走っていなかったころ、旅人たちは、箱根の険しい峠を歩いて越えていた。
もちろん道路は整備されているはずもない凸凹道……昔の人は凄《すご》いなあと思う。
それは、自転車で走ってみて、初めてわかったことだ。

箱根・宮《みや》ノ下《した》から三国《みくに》峠を抜ける。

左／難所、三国峠の急な坂道を上り切る。
右上／箱根登山鉄道が走る、宮ノ下付近。
右下／勾配約18%の急坂途中で休息。

箱根の峠を超え、石和《いさわ》温泉へ向かう山道沿いに、
気になる茶屋があった。「天下茶屋」。
自虐《じぎゃく》的かつ道化的な精神で、人間の偽善を告発
しつづけた作家、太宰治《だざいおさむ》が訪れた場所。
退廃《たいはい》した生活から抜け出し、想《おも》いを新たにする
覚悟で滞在した場所である。
一度は行ってみたいと思った。
自転車で訪れてみたいと思っていた。
ただしそこに行くには、再び、「御坂《みさか》峠」とい
う難所を超えなければならない。
想いを新たにする覚悟で、その道を上った。

左／三国峠、御坂峠と、アップダウン連続のコースに疲労困ぱい。右上下／峠を越え、やっと到着した「天下茶屋」で、ほっとひと息。

日本の旅は、なぜか落ちつく。
根本的に「和」に癒《いや》される脱力旅が
好きだからかもしれない。
峠の茶屋で蕎麦《そば》を食うのもいい。
神社や寺に立ち寄るのもいい。
温泉にどっぷり浸《つか》るのもいい。
ハードな自転車旅ではとくに、なる
べく時間に余裕をもって、心身とも
に脱力するようにする。
いっぱいいっぱいになった人間は、
カッコ悪いと思うから。
せめて仕事を離れたときだけでも、
思いっきり肩の力を抜いて、
自分らしい生き方がしたい。

左／ツーリング３日目、秩父《ちちぶ》巡礼23番札所「音《おん》楽《がく》寺《じ》」に立ち寄り、ヒット祈願。右／秩父にある竹やぶのなかの温泉宿で、疲れを癒す。

新宿を出発し、箱根、石和《いさわ》、秩父、そして故郷である東京・国立《くにたち》にもどる。
子どものころ見慣れた米軍基地沿いの道を走り、通った小学校や幼稚園、実家の脇を通る。
子どものころからの記憶をつなぐこの道は、自分にとっての最高の道。

上／実家と出身小学校、幼稚園を結ぶ狭い道は、「清志郎ロード」と呼ばれている。
下／かつて通った幼稚園に立ち寄り、園児たちと和みのひととき。

column

BIKE HISTORY

想《おも》い出《で》のマイバイク

不思議なもので、どんな派手な自転車でも、
扱いづらい自転車でも、いったん苦楽を共にすると、自分の部屋や
暮らしのなかに馴染《なじ》んでくる。そんな自転車3台を紹介。

初代　ケルビム号

愛称／ピンキー、色／ピンク、総重量／8.5kg。2001年、自転車旅を決意した後、自分への50歳の誕生日プレゼントとして購入。自らの身体を採寸してもらい、寸法に合わせてオーダーメイド。強度の高い金属、クロムモリブデン鋼チューブを丁寧な溶接で組み上げたハンドメイドフレームを使用している。ツール・ド・鹿児島で活躍した記念のバイクだ。

2代目　TREK号

愛称／ファイヤーガール、色／赤、総重量／7.2kg。自転車の専門家である旧友の口利きで、アメリカのトレック社からペイントとパーツをカスタムオーダーしてつくってもらったフル・カーボンフレームのバイク。ツール・ド・フランス7連覇のランス・アームストロングと同じフレームを採用し、それをベースに、高品質なイタリア製部品を組み合わせて完成させた。

3代目　Orange号

愛称／オレンジ、色／オレンジ、総重量／6.8kg。2003年、体型や体力に合わせ、「よりラクに遠くまで走れる」ように設計された究極のロードバイク。航空宇宙力学の粋を結集したカーボン素材をフレームに使用するなど、最先端技術を駆使し、高い耐久性と軽量化を実現させたオーダーハンドメイドの逸品だ。ロゴは 英国製ギターアンプOrangeを日本代理店の許可を得て使用。

1689年、俳人、松尾芭蕉《まつおばしょう》が江戸・深川から奥州《おうしゅう》各地を行脚し、紀行にまとめた『奥の細道』。その足跡を自転車でたどってみると、出会ったのは、50代から自転車に乗ることに勇気を与えてくれた、大切な人であった。

宮城県・松島の絶景ポイントで、「イヤシノウタ」を熱唱する。

東北

Kisakata
Sakata
Chokaisan
Sendai
Fukushima
Matsushima
Utsunomiya
Tokyo

芭蕉は2400kmの道のりを156日かけて歩いたといわれている。
産業革命以降、船とか車とか発達し、移動手段が便利になって、だからこそ、地べたを歩いていくということは、もの凄い発見があると思う。
自分もその道の約半分の距離を、深川から象潟《きさかた》まで10日かけて自転車で走った。
雨や風、海や川、激坂や田舎の一本道と、さまざまな日本の自然を発見した。

左上／山形・最上川《もがみがわ》下りの船に乗船。右上／松島へ続く海沿いの道。左下から順番に／日光東照宮《とうしょうぐう》へ、近道しようと自転車を抱えて階段を上るが足腰ふらふら、教訓は急がば回れ。旅の途中にあった芭蕉ゆかりの碑（写真２点）。ゴール地点の象潟海岸で地元の人が大声援。雨のため仙台のホテルで停滞、夜、コインランドリーに洗濯をしに行く。

自転車に乗るきっかけを与えてくれた、あの人にやっと出会うことができました。

ツール・ド・奥の細道、8日目の夕方、山形県立川町（現・庄内町）に住む、ひとりの老人に会いに行った。疋《ひき》田《た》虎《たけし》さん。
吹雪のなか10kmの雪道を7時間かけて歩き、雪崩《なだれ》にあった息子を助けて、ニュースにもなった人だ。
〝決して諦《あきら》めない〟という人間の気力を見せつけてくれた人。
自分も力をつけねばと、自転車に乗る決意をさせてくれた人…。

なんでもない山のなかに暮らしている、ごく普通の人だけど、普通の人が普通にもっている力だからこそ凄《すご》い。
もの凄く説得力がある。
都会のなかで失った力、大地と向き合える力をつけることを、教えてくれたあの人に出会えたことは、決して忘れない。

仕事に行くときも自転車、温泉に出かけるときも自転車、
何もない日も、ぶらっと自転車。自転車に乗れない日が
3日続くと、体調が悪くなる。いつでも、どこでも。
大げさでなく、〝相棒〟といっしょに生きている。

Anywhere,

自転車と暮らす

Anytime,

Anywhere, Anytime,

つねに心がけていることは、なにごとにも余力を残すこと。仕事でも遊びでも、出かける２時間前には起床し、ゆっくり朝風呂に浸《つか》る。 風呂から出ると納豆と味噌汁という典型的な日本の朝食を食べ、忙しくても自転車に乗って仕事場に出かける。焦らず急がない、ゆるい暮らし…それを支えているのが〝自転車〟である。

生まれ育ったのは、東京の国立《くにたち》。米軍の駐屯地が近いこの土地で育ったせいもあって、若いころはアメリカ文化にどっぷり。ロックにかぶれて流行《はや》りものに敏感になって、自転車もそのひとつだった。

中学生のころ、当時流行したドロップハンドルのロードレーサーに憧《あこが》れ、親に頼み込んで購入してもらった。初めて試乗した日、走っているとだんだん嬉しくなって、もっと遠くに、もっと遠くに……と、実家の国立から秩父《ちちぶ》の親戚の家まで、片道35㎞ぐらい走った。帰りがあるっていうのを考えてなかったので、それはもう、きつかったのを今でも覚えている。

バイクも原付き免許をとってすぐに、東京から福島県会津若松《あいづわかまつ》まで行った。放浪ぐせは今に始まったことではなく、もって生まれたものなのかもしれない。LSD（ロング・スロー・ディスタンス）も、このころからすでに育っていたのだ。

高校のとき、バンド「RCサクセション」を結成し、18歳でデビュー。なにかと忙

P68左／温泉に行く途中。中右／2001年に開催された東京・日比谷野外音楽堂のステージでは、自転車に乗り歌い、舞台装飾も自転車。P69左上／ステージ衣装を担当する東京・福生《ふっさ》のテーラー。衣装合わせなどの打ち合わせにも、自転車で通う。左下／スタジオへ出勤。楽屋前に置かれた自転車。右／コンサート会場で。

しい時期だったけど、放浪ぐせが治ることはいっさいなかった。

暇を見つけては地図を見ながら、ふらりと出かけた。バンドの先輩たちに「沖縄はスゴイんだ。アメリカなんだ」って聞くと、さっそく行ってみる。「いい温泉があるよ」って聞けば、すぐ出向いて湯治場に4～5日いたりもした。

でも、移動手段はもっぱらクルマ。クルマにはまっていたのもあって、自転車の存在は、このころの自分のアイデンティティーのなかからは抹消されていたのだ。

50代の転機

再び自転車と向き合うのは、50歳になってから。きっかけは〝子ども〟である。若いころ、よく子どもの手を引いているお父さんを見かけると、「かっこわりーなあ。自分だけは〝ああ〟はなりたくないなあ」と思っていたが、子どもが生まれたらすぐに〝ああ〟なってしまった。

自分の暮らしのなかで、子どもの存在がどんどんでかくなっていって、「いざというときに自分の子を助けられるだけの体力をもたねば」と真剣に思い、再び自転車に乗り始めたのだ。

まずは自転車を購入。本格的ロードレーサーを、知り合いに頼んで、オーダーメイドでつくってもらった。

そして 手に入れるとすぐに、東京から

友人の住む鹿児島まで10日間の自転車旅に出発。このときの解放感が忘れられなくて、その後、東北、沖縄、キューバなど、時間さえあれば自転車で旅をした。

レースの勝ち負けとか場所とか、そういうことにはあまり興味がなく、ただ、気持ちいい道を、できるだけ遠くまで走れれば、それでよかった。

自転車にはまって以来、遊びはもちろん、仕事に行くときも自転車を使うようになった。ライブ会場に行くときも、録音スタジオに行くときも、温泉に行くときも、何もない日もぶらっと自転車に乗って、どこかに出かけた。

自転車に乗れない日が３日続くと、体調が悪くなった。そのうちだんだん世のなかが嫌になってきて……。この中毒症状を治す薬も、やはり自転車である。

いつしか自転車は、単なる遊び道具ではなく、暮らしのなかに欠かせない、家族のような存在になっていた。

父親として

最近、地球上で父親の威厳がなくなり、その存在が小さくなったような気がする。僕の子どものころは、マンガの星《ほし》飛雄《ひゅう》馬《ま》のオヤジみたいに、父親が普通にちゃぶ台をひっくり返していた。ちゃぶ台は軽

いから、すぐひっくり返るし、昔のオヤジは、それで威厳を保っていたわけだ。

ところが、今の台所のダイニングテーブルとやらは重すぎてひっくり返せないし、オヤジたちが威厳を保てる場所がなかなかない。そこで、50歳過ぎても自転車にガンガン乗って、子どもより体力が秀でていれば、ちょっとは「カッコイイぜ、オヤジ！」って思われて、威厳を保てるのではないか……と思った。

あまかった。娘はつい最近まで、自転車で録音スタジオに出勤する父親のことを、「自転車に乗って音楽やって遊んでる」と思ってたらしい。ショックだった。

不思議なもので、どんな派手な自転車でも、扱いづらい自転車でも、いったん長い旅に出て、苦楽を共にすると、自分の部屋や暮らしのなかに溶け込んで、馴《な》染《じ》んでくる。いまのオレンジ号もそう。離れられない存在というか、空気のような存在というか、大切な存在というか。

もし今度生まれ変わっても、僕はきっと、このオレンジ号に乗っているような気がする。その次も、またその次もそうあってほしいと思う。そしてもし今度生まれ変わったら、サラリーマンになって、毎日、決まった時間に通勤してみたい。もちろん毎日、毎日、自転車に乗って……。

もし生まれ変わったら……サラリーマンになりたい。

オレンジ号大解剖

オーダーから納車まで約１年、最先端技術を駆使してつくられた、究極の高性能バイク。

Anywhere, Anytime, Orange Go Go

フレーム

軽量で高強度のカーボン素材を採用し、体型や体力に合わせて、長く快適に走ることを目的に設計。究極の耐久性と軽量化を実現させた、オーダーハンドメイドのフレーム。

ブレーキアーチ

スピードをコントロールする部品ブレーキアーチは、時速60〜70kmの下りのスピードコントロールがしやすいよう、軽く握っただけでブレーキがよくきく高性能品。

リア・ブレーキアーチ

後輪ブレーキに要求されるスピードコントロールの性能と、軽量化を追求し開発された、イタリア・カンパニョーロ製の高品質ブレーキ（ブレーキアーチもカンパニョーロ製）。

バーテープ

ハンドルに巻きつける滑り止めテープは、手に馴《な》染《じ》む人口革シンセティックレザーを使用。テープの下にはさらに高品質なショック吸収素材が巻き込まれているため、握り心地抜群。

シートポスト

サドルを取り付ける高さや角度、前後位置を調節できるシートポストは、軽量なカーボン素材とアルミ合金製の固定金具を採用。そのモデルを、短く切って使用している。

シートクランプ

シートポストをフレームに固定するクランプ金具とシートピン（ボルト）セットはカンパニョーロ製。締めこんでもカーボンシートポストにダメージを与えない設計という。

ホイール

ハブ、スポーク、リムと呼ばれるパーツで組み上がった車輪、「ホイール」は、軽量で加速がスムーズに行えるカーボンリム車輪を使用。詳しくは、P77を参照。

前変速機

フロントギアを変速させる部品は、チェーンの移動がスムーズに行え、ギアの歯先からチェーンの脱落を防ぐ、高性能なカンパニョーロ製。外側は、軽量で丈夫なカーボン素材。

後変速機

後変速機はスプロケット（P77参照）にチェーンをかけて移動させるパーツ。変速パーツの組み合わせは、上り坂が楽に走れ、下り坂で足が空回りしないように設定されている。

オレンジ号大解剖

【ハンドルバー＆ステム】ハンドルの取り付け部品「ステム」をハンドルバーと一体化させ、強度を高めたモデル。また、人間の手の握りを徹底的に研究し設計。その結果、フィット感がよく長距離を走っても手が疲れにくい快適なバー形状を実現させた。チネリ／ラム①

【ブレーキ＆変速レバー】ブレーキレバーと変速レバーが一体化したイタリア製のブレーキパーツで、握りを変えず、指先だけで簡単にギアチェンジができる。握る部分（ブラケット）は手が痛くなりにくい設計で長距離走向き。カンパニョーロ／レコード・エルゴパワーⓙ

【フロントフォーク】強度の高いカーボン素材に、さらに振動吸収力に優れたベクトラン素材をコーティング。これにより従来のカーボンフォークに比べ、手に伝わる振動が大幅に軽減。長時間、快適な走行が楽しめる。タイム／ミレニウム・スティッフ・フォーク①

【ギアクランク】上り坂で、軽く踏むことができるギア比を実現するのが「コンパクトドライブ」と呼ばれるギアクランクだ。内側のギアの歯数を少なくすることで、上り坂走行がラクになった。カンパニョーロ／レコード・CTクランクⒿ

【スプロケット】ペダリングの重さを決める、後部ギア。アップダウンの激しいコースでも正確でスムーズなギアチェンジができるように、歯先をコンピュータで設計。より快適な坂道走行を可能にした。カンパニョーロ／レコード・スプロケット13-29（最小ギア歯数13・最大29）Ⓙ

【フロント・ホイール（前輪）】チューブ状のタイヤを取り付けるホイール。リム（車輪の部分）やハブ（車輪を回す中心部）に頑丈で軽量なカーボン素材を採用。加速力に富み、横風の影響を受けにくい構造になっている。525g。カンパニョーロ／ハイペロンチューブラーⒿ

【タイヤ】路面からの振動が少なく、安定したコーナリングを可能にしたチューブラータイヤ（前後ホイールに取り付けるタイヤ）。タイヤの内側には防弾チョッキの繊維と同じケブラー素材を使用し、耐パンク性にも優れている。ヴィットリア／コルサEVO-CXチューブラーⒷ

【サドル】全長300㎜と一般的なサドルより長く設計され、座り位置がずらしやすく疲れにくい。本体の側面には太ももの動きをよくするスリットが入り、これによってペダリングが快適に行える。重量230g。アスリート向きレーシングサドル。フィジーク／アリオネⒺ

【リア・ホイール】スピードを出すために設計された高級カーボンホイール。740gと超軽量。空気抵抗を減らすためリムの高さを50㎜に設計。またスポークも平たい形状のG3スポーク・システムを採用し強度を高めた。カンパニョーロ／ボーラウルトラチューブラーリアⒿ

column

ROAD BIKES

タイプ別ロードバイク

【ロードレーサー】

「いかに速く走れるか」、ということをコンセプトに、余計な機能を一切排除し、走る、曲がる、止まるという基本性能を高めたロードレース用バイク。フレームやパーツにカーボン、チタンといった軽量な素材を採用しているものもある。長い距離を快適に速く走りたい、アスリート向きのバイクだ。

【クロスバイク】

ヨーロッパで冬の間に行われている、クロスカントリーレース用に開発されたタイプ。各部品が泥詰まりしにくい設計で、太いタイヤの装着が可能。基本的にはオフロード向けだが、タイヤをかえれば、オンロードも走れる。重い荷物を積み込むツーリングや、道路事情の悪い場所での走行に向く。

【ツーリングバイク】

自転車に荷物を積み込んで旅をする、ツーリング向けに開発されたバイク。特徴は、荷物搭載時の安定性と、長時間走行しても体に負担がかからないフレームのバランス。自転車上での快適さを一番重視し、なるべく前傾姿勢にならないよう設計されている。ラクにのんびりと自転車旅をしたい人にお勧め。

【フラットバーロード】

ロードレーサーをベースに、ハンドルをフラットバーにするなど、シティライド向けにつくられたバイク。ロードレーサーよりも単純なMTB系の変速レバーを設けるなど、初心者でも気軽にロードレーサーの機能を扱えるよう設計されているのが特徴だ。通勤や買い物、ワンデイ・サイクリングなどで活躍。

Kiyoshiro's Favorites

頭の先からつま先まで、清志郎が愛用する自転車アイテムの数々をラインナップ。ファッション性と実用性を兼ね備えたこだわりの装着品から、旅を楽しくするオリジナルグッズまで、一挙公開！

sunglasses サングラス

目に入る紫外線や強い光の刺激、さらにホコリや虫などから目を保護するサングラスは、サイクリストの必需品。ヘルメットやウエアの色に合わせてコーディネートするのも楽しい。

OAKLEY Razor blades

OAKLEY Mag M Frame

OAKLEY M Frame

OAKLEY
Thump JAPAN EXCLUSIVE

オークリー／レーザーブレード
ツール・ド・フランスで活躍したグレッグ・レモンド選手が愛用したモデルの復刻版。フレームは軽量かつ耐久性に優れた素材O Matter®製フレーム。￥12,600～Ⓒ

オークリー／マグエムフレーム
宇宙ロケットにも使われている素材、マグネシウム合金をフレームに採用し、優れた耐久性と心地よいフィット感を同時に実現。残念ながら現在は製造されていない。Ⓒ

オークリー／M フレーム
スポーツ専用に開発されたMフレームは、裸眼に近い視界を保つ高性能HDO®レンズを使用。そのため、長時間使用しても目が疲れない。紫外線100%カット。￥19,425～Ⓒ

オークリー／サンプジャパン エクスクルーシブ
フレームに音楽データを保存し、曲を聴くことができるデジタルオーディオシステム搭載の軽量サングラス（50g）。振動の多い自転車走行中でも音が飛ばない。￥46,200Ⓒ

helmets ヘルメット

完《かん》璧《ぺき》なヘルメットを表すのに、3つの言葉がある。「より強く、より軽く、よりスタイリッシュに……」。その要素を100%クリアしたヘルメット。

Giro
Atmos-PE
Lone Star 6 Gold

Giro
Atmos-PE Lone Star 7
PARIS Edition

ジロ／アトモス PE ロンスター6 ゴールド

世界的に知られるアメリカの自転車レーサー、ランス・アームストロング選手（2006年引退）が、ツール・ド・フランスで前人未踏の６連覇を成し遂げたときにつくられた記念限定モデル。４か所に設けた調整ベルト「ロックロック４システム」は、頭への装着感を高めるのと同時に、ヘルメットが外れにくい構造で安全だ。￥37,800 ◎

ジロ／アトモス PE ロンスター7 パリス エディション

ランス・アームストロング選手のツール・ド・フランス7連覇を記念した2006年モデル。ヘルメットのアウターシェルや発砲スチロールの芯材に、軽量で強固なカーボン素材や、通気性に富む形状を採用。長時間走っても快適で、しかも頭部を守る性能も高い。ロードレーサー用ヘルメットの１級品だ。￥36,750 ◎

shoes シューズ

シューズは、最先端の技術を駆使し、アスリート用に設計されている高性能品。LSD（ロング・スロー・ディスタンス）の旅を考慮して、通気性と軽さ、フィット感には、とくにこだわる。

adidas Marathon

アディダス／マラソン

3本のストラップ「ファストストラップ」によって、靴ひもの調整がワンタッチで簡単に行える。またストラップ部分が足全体をしっかりと覆うので、力がペダルに伝わりやすく足が疲れにくい。ペダリングと歩くことを両立させるため、ソールは歩きやすい樹脂製。MTB用やロード用ペダルと組み合わせて使用するタイプ。¥23,100Ⓐ

bags バッグ

自転車に簡単に装着できる小さなサドルバッグは、旅心をくすぐるアイテムのひとつ。修理キットを入れ、衣類を入れ、買ったばかりの地図を入れて……。さて、今日は、どこへ出かけようか。

RIXEN KAUL
Micro Shell

リクセンカウル／マイクロシェル

サドルの下に、簡単に着脱できる小型のサドルバッグ。パンク修理キットやスペアチューブなど、ツーリングに欠かせない小物を入れるのに便利。開口部が大きく、荷物の出し入れが自在にできる。清志郎は予備チューブラータイヤ1本、パンクしたタイヤを切るナイフ、両面粘着テープ、予備の炭酸ガスカートリッジを携帯している。¥4,725◎

RIXEN KAUL
Contour Magnum

リクセンカウル／コントアーマグナム

サドルの高さを調整するシートポストにワンタッチで簡単に着脱できるサドルバッグ。容量6ℓと大型のバッグなので、1泊分の荷物なら余裕で入れることができる。しかも、走行中の振動によるバッグの揺れが少なく、ハンドルがとられる心配もない。ぶらりと1泊で温泉に行くときなどに使用している。¥10,290◎

wear ウエア

一度見たら忘れられない斬新かつ前衛的なデザインで、サイクル界に旋風を巻き起こした、Kiyoshiro'sオリジナルウエア。一部商品は、購入も可能。

Kiyoshiro's brand

スゴイ／和風サイクルジャージ

斬新でユニークな書き下ろしイラストをデザインした、オリジナルウエア。サイクルジャージとしては珍しい淡い色合いの桜をベースに、侍や刀など、「和」をイメージした絵や、「和風」「愛と平和」などの書き文字が楽しい。生地には、伸縮性、速乾性に優れたテクニフィーノ素材が使用され、動きやすく快適なライディングが楽しめる。¥12,800Ⓝ

SUGOI Wafu CYCLE JERSEY

SUGOI
BUA CYCLE JERSEY

PEARL IZUMI
Team LSD Uniform

PEARL IZUMI
LSD JERSEY First Ver.

スゴイ／ブーアサイクルジャージ

2002年に発刊された絵本『ブーアの森』（TOKYO FM出版）のイラストを担当。そのイラストを再構成し、デザインしたのが、このサイクルジャージだ。通気性、速乾性に優れた生地素材テクニフィーノを採用するなど機能も充実。なによりパンチの効いたイラストが活《い》きた、サイクルウエアの名作だ。背中にポケット付き。販売終了商品。

パールイズミ／チームLSD公式ユニフォーム

長くゆっくり走る「ロングスローディスタンス（LSD）」を掲げる自転車同好会、「チームLSD」の公式ユニフォーム（2着目）。吸汗速乾素材「ルミエースワッフル」を採用したウエアで、ツール・ド・鹿児島では、スタート時にメンバー全員がお揃《そろ》いで着用している。ウエアのイラストはオリジナル作品。残念ながら販売は終了。Ⓛ

パールイズミ／LSDジャージファーストバージョン

忌野清志郎を中心とした自転車同好会「チームLSD」が2001年に発足。このときつくられた初代ユニフォームがコレ。汗を発散する生地を採用し、体温調節に優れたウエア。当時、参加していたバンド「RUFFY《ラフィー》 TUFFY《タフィー》」のロゴを入れ、パステルカラーのポップで明るいデザインに仕上げた。そんな歴史ある１枚だが、販売終了商品。Ⓛ

wear ウエア

LSD（ロング・スロー・ディスタンス）におけるウエア選びのポイントは、汗の発散性能と体温調節。そこで、天然素材メリノウールと、高機能アスリート用ジャケットに注目する。

IBEX
Beezer Full Zip Jersey

IBEX
Amparo L/S Jersey

ASSOS
SWISS national team Jersey

ASSOS
Element One Jacket

ASSOS
Bib Shorts FI 13-S2

アイベックス／ビーザー・フル・ジップ ジャージ

良質なニュージーランド産メリノウールを100%使用した、天然素材のバイクジャージ。18.5ミクロンという極細の繊維の採用で、肌触りがよく、伸縮性に優れたウエアを実現させた。またほかの化学繊維素材にくらべ、湿気に強く、体温調節に優れている点もウールの特性。大量に汗をかいても身体が冷えず暖かい。￥18,900Ⓤ

アイベックス／アムパロL/Sジャージ

内側の生地に、柔軟性に富み暖かさを保ってくれる高品質の天然素材メリノウールを使用しているバイクジャージ。背面にはジッパー付きのポケットがあるので、自転車の走行中でも小物の出し入れがしやすい。また、身体を動かしやすい縫製を施し、耐久性にも優れているため、長距離ツーリングでも快適に走ることができる。¥19,950Ⓤ

アソス／スイス ナショナルチーム ジャージ

スイスのナショナルチームが使用する高機能ウエア。肩の部分は縫い目のないラグランカットで、伸縮性のよいライクラ®生地を使用。袖《そで》口や裾《すそ》などは圧迫のないつくりで長く走っても肌へのストレスが少ない。脇《わき》には通気性のよいマイクロファイバーメッシュを採用するなど、徹底的に機能を追求し完成させたアスリート向きウエアだ。￥14,700Ⓥ

アソス／エレメントワン ジャケット

従来のサイクルウエアの製法から離れ、前傾姿勢に合わせた独自の縫製技術を開発。これによりウエアが肌に吸い付くように身体にフィット。今まで以上に前傾姿勢での動きがスムーズに行えるようになった。また、ジッパー付きセーフティーポケットや反射テープを装備するなど、機能も充実。春や秋の涼しいシーズンに向く。￥24,150Ⓥ

アソス／ビブショーツ FI 13 S2

吸湿、速乾性に優れ、自在に伸び縮みするライクラ®生地を採用したバイクパンツ。ヒップ部分のパッドはクッション性に優れたスポンジ(メモリーフォーム)と伸縮性に富み、摩擦にも強い生地素材エラスティックインターフェイス®の2重構造。これにより、サドルとのこすれを軽減できる。スイス・ハンドメイドの逸品だ。¥29,400Ⓥ

wear ウエア

長く厳しいツーリングの後、お気に入りのウエアに身を包むと、旅の疲れが癒《い》えて明日への活力につながる。そんな、身体に馴《な》染《じ》んだウエアを、たった1枚でいいから、旅のパートナーにしたいものだ。

De Marchi
ITALIA HOME JACKET

デ・マルキ／イタリア・ホーム・ジャケット

クラシカルなデザインに定評あるイタリアのサイクリング・ウエアメーカー、デ・マルキ社製のサイクルセーター。ウール50%、アクリル50%の混紡ニットで、保温性が高く、肌触りもよい。気温の低い時期のツーリングやアフターサイクリング時に、また、普段着や外出着としても、ステージや楽屋でも愛用している。¥27,300Ⓗ

bottles ボトル

バイクツーリングでは、１日約３～９ℓの水分補給が必要となる。そのため、走りながら容易に水分を摂《と》れるバイクボトルは旅の必《ひっ》須《す》アイテム。気候や走る距離に応じて、最低２本は用意しておきたい。

清志郎ボトル

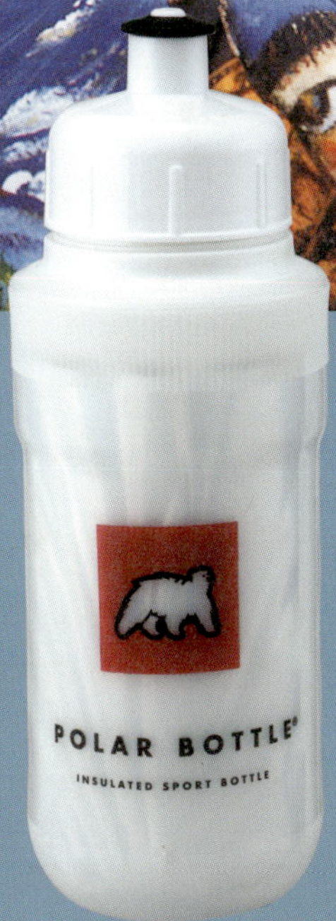

POLAR BOTTLE

キヨシロウボトル

自分の顔をモチーフに絵を書き下ろした、オリジナルツーリング用ボトル。ピンクとスカイブルーを基調とした色合いは、P86で紹介した「和風サイクルジャージ」の色とコーディネートされている。ツーリングはもちろん、ライブでの水分補給にも使用している、清志郎カラー満載のバイクボトルだ。¥1,000Ⓝ

ポラー／保冷ボトル

普通のボトルケージに取り付けられる保冷タイプのバイクボトル。ボトル本体は、保冷力を高める二重構造で、氷を詰めると約2時間は冷たいまま飲める。飲み口は、バルブ(蓋《ふた》)を引き上げるだけで中身が出てくるポップオフバルブ式。これにより、走行中でも片手で簡単に水分補給ができる。大¥1,890　小¥1,680Ⓑ

accessories アクセサリー

ライトやカギ、勾《こう》配《ばい》計《けい》など、快適な自転車生活を送るためのアクセサリーは、重要なバイクファッションの一部。レース、ツーリング、1dayサイクリングなど、自分の旅のスタイルに合わせて選びたい。

CAT EYE
HL-EL400

CAT EYE
TL-LD600-R

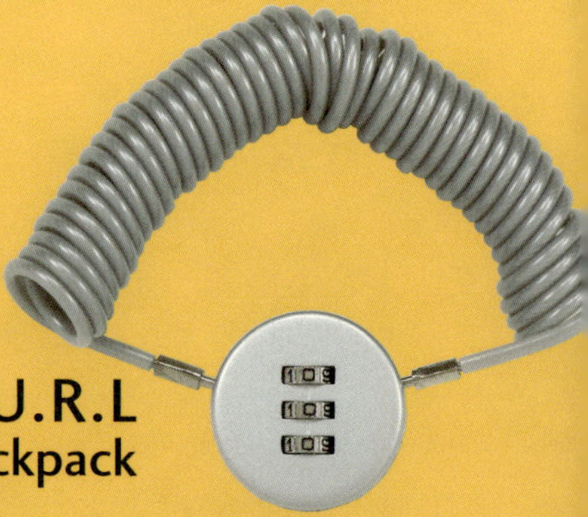

U.R.L
lockpack

SILCA

POLAR
S720i

POLAR
CADENSE SENSOR

キャットアイ／HL-EL400

主にハンドルバーに取り付ける前照灯。直径32㎜までのハンドルやフレームに、工具なしで装着できる。左右90度に角度調整ができるので使用範囲が広く、また、防水加工が施され、突然の雨にも耐えられる高機能ライト。単４アルカリ乾電池３本で連続点灯約80時間、連続点滅約160時間使用可能。光源は３個の白色LED。オープンプライスⒻ

キャットアイ／TL-LD600-R

ライダーの位置を後方の車両に知らせるテールランプ。樹脂製の取り付けバンドで直径40㎜までのシートポストやフレームに簡単に装着できる。単４アルカリ乾電池２本で連続点灯15時間、連続点滅30時間使用可能。暗い夜でも見分けやすくするため、連続点灯と３種類の点滅モードがある。光源は５個の赤色LED。￥2,625Ⓕ

ユーアールエル／ロックパック

全長2.3mの自転車用ワイヤキー。フレーム、前輪、後輪、サドルを同時に施錠できる長さをもつ。にもかかわらずワイヤーがコイル状なので、収納サイズがコンパクトで携帯しやすい。また、本体は付属の収納ケースに入れてサドルの下に簡単に取り付けられるので、不意に必要になったときでも、すぐに取り出せ便利。￥1,800Ⓦ

シルカ／勾配計

坂道の勾配を測れる自転車用の勾配計。ハンドルバーにセットして走行すると、本体中央の気泡が上下に移動し傾斜角を知らせる構造。内部の液体が粘度質の高いオイルなので、走行中の余計な振動には反応せず、ほぼ正確な数字が測れる点が嬉しい。坂道の勾配を測ることは、次回のツーリングコースを選択するときの目安にもなる。￥2,940Ⓑ

ポラール／S720i

走行中の心拍数、クランク回転数（ケイデンス）、標高、気温、走行距離、スピードなどを表示し、それらのデータをコンピュータで解析できる、時計型サイクルコンピュータ。清志郎は、ツーリングごとに各データをコンピュータで分析し、自らの運動機能を管理。長距離を走るための体力づくりや走行法などに役立てている。￥44,940Ⓖ

ポラール／ケイデンスセンサー

自転車のクランク回転数を計測できるセンサー。ギアクランク近くのフレームに取り付け、感知したデータをワイヤレスで、上写真の時計型サイクルコンピュータに送信。標高や気温などのデータに、計測したクランク回転数を加えて、運動機能を分析する。このほか、心拍計センサーも胸に装着し、サイクルコンピュータで管理。￥6,300円Ⓖ

tools ツール

パンク修理やチェーンの調整など、メンテナンスは、自転車乗りの必《ひっ》須《す》課目。とくに何が起こるかわからないツーリング中のメンテは重要課題。いいツール（工具）を相棒にして、それに頼るのが一番。

TOPEAK
Micro Rocket CB
Master brastar

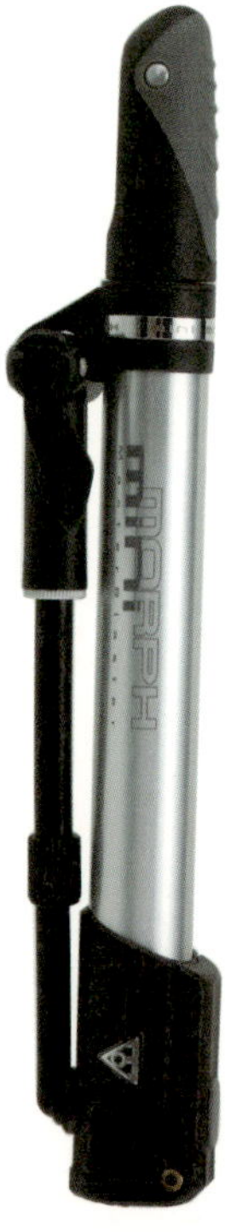

TOPEAK
Mini morph

トピーク／マイクロ ロケット CB Mブラスター

アルミニウムより軽く、鉄鋼の約６倍の強度をもつカーボン繊維を採用した、重量55ｇの超軽量小型ポンプ。長さ約160㎜と小型だが、タイヤ空気圧の目安である、上限11気圧まで充填《じゅうてん》可能。また、タイヤチューブに空気を注入するバルブには、米式、英式、仏式の３種類あるが、このポンプは、仏式バルブに対応するモデル。 ￥5,250Ⓟ

トピーク／ミニモーフ

英式と米式のタイヤチューブ・バルブに対応する空気入れ。長さ260㎜、重量170ｇと、軽量小型の携帯用だが、機能は充実。ホース部分は360度回転でき気圧は最大11気圧まで注入可能。また小型でも本体を支えるステップが付いているため、地面に立ててラクに空気注入できるのも嬉しい。ボディーは耐久性に優れたアルミ製。￥3,990Ⓟ

SKS
AIRCHAMP PRO

エスケーエス／エアーチャンププロ

重量100ｇ、長さ135㎜の、超軽量小型・カートリッジ式空気入れ。ポンプ本体に、別売りの二酸化炭素入りカートリッジボンベ（５本セットで¥1,575。１本は付属）を内蔵させるタイプで、注入速度の早さが自慢。ロードレーサーのタイヤなら、２～３秒で標準気圧９～10気圧にセットでき、空気入れ作業が簡単に行えるスグレものだ。¥3,150Ⓞ

TOPEAK MINI 18

トピーク／ミニ 18

パンク修理に不可欠なタイヤレバー（タイヤを外す工具）が付いた携帯工具セット。８種類の太さ（２㎜～10㎜）のキーレンチ、チェーン工具など計18機能を含む。収納ケースが弾力のある合成ゴムのネオプレーン製なので、バッグに入れてもほかのアイテムを傷付ける心配がない。重量182ｇ、サイズは長さ82×幅43×厚さ20㎜。￥3,150Ⓟ

CRANK
BROTHERS multi17

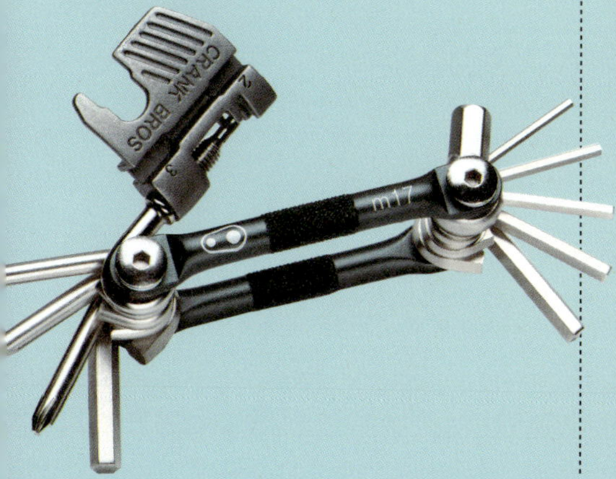

クランクブラザーズ／マルチ17

自転車のチェーンを切ったりつないだりするチェーン工具や、車輪のスポークの張力を調整するスポークレンチなどを装備。ほかに８㎜と10㎜のナットを締めるオープンレンチ、太さ８種類のキーレンチなど、機能は計17種類。自宅でのメンテナンスにも役立つツールセット。重量168ｇ、サイズは長さ89×幅48×厚さ22㎜。￥2,940ⓢ

treatment トリートメント

身体の機能を補助するサプリメントは、筋肉疲労の回復、コンディション維持など、ツーリングでも効果を発揮。専門家のアドバイスを受けながら自分の体に合ったものを選びたい。

BCAA Tab

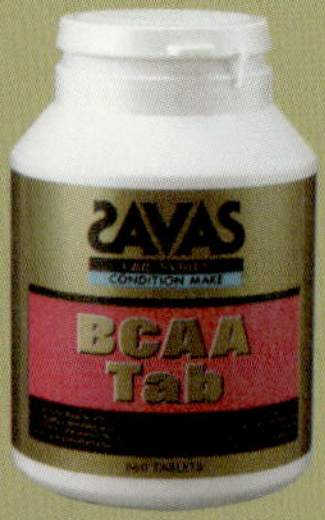

GLUTAMINE Tab

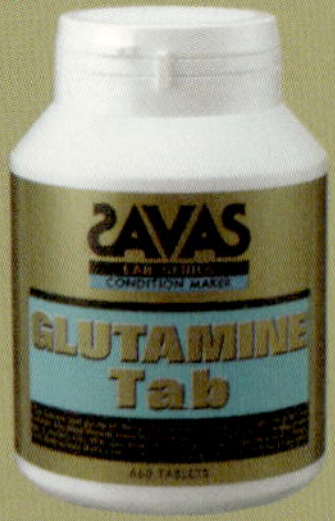

GLYCOGEN LIQUID

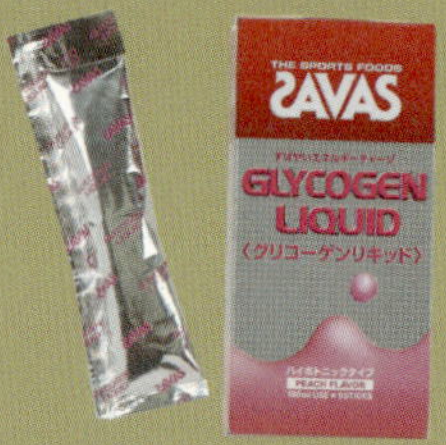

CoQ10

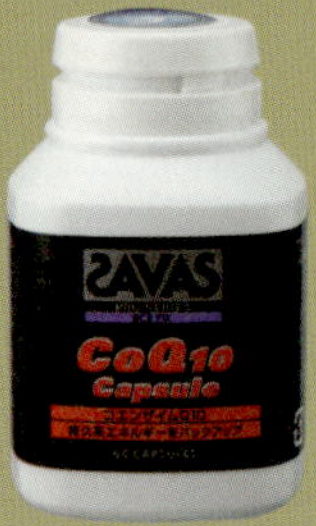

ENERGY JELLY

ZAMST icebag

ZAMST
KT

ASSOS
Chamois creme

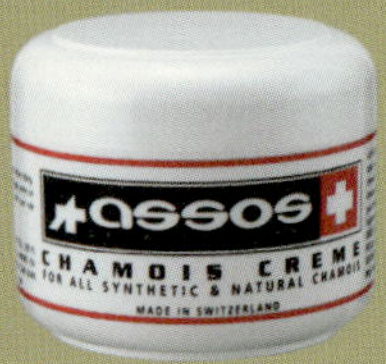

ザバス・タブレット

【BCAAタブ】走り出す30分前に、体内ではつくられない必須アミノ酸BCAA（バリン、ロイシン、イソロイシン）を吸収すると効果的。激しい運動の際にはエネルギー源になり集中力の維持にも有効だ。200 g ￥7,140
【グルタミンタブ】筋肉疲労を素早く回復させる。ツーリングの合間、終了時に飲むのがお勧め。200 g ￥7,140
【コエンザイムQ10カプセル】運動エネルギー物質をつくり出す補助酵素。長時間にわたり運動エネルギーを必要とする、持久系アスリートにお勧めのサプリメント。26 g ￥5,040　＊以上商品すべてⓇ

ザバス／グリコーゲンリキッド

体内に蓄えられると、少しずつブドウ糖になり、判断力や集中力、さらには運動のエネルギー源であるグリコーゲンを補給できるサプリメント。水に溶かして飲むタイプなので、素早く体内に吸収できる。55 g × 5 袋入り ￥840Ⓡ

ザバス／エナジーゼリー

糖質や、運動によって消費されるビタミン類を、自転車で走りながら気軽に補給できる栄養補助食品。中身はゼリー状なので素早く吸収でき喉《のど》の渇きもとれる。200 g ￥210Ⓡ

ザムスト／アイスバッグ

患部を冷やすアイシングは、運動後に行うと、関節や筋肉に貯まる疲労物質の分解・吸収を促進させ、疲労回復につながる。ただし、やりすぎると凍傷になる恐れもあるので、専門家にアドバイスを受けよう。￥987～Ⓚ

ザムスト／KT

筋肉の保護をする粘着性伸縮テープ。背中や腰、アキレス腱など不安のある部位に貼ると、人間の皮膚に近い伸縮率で、筋肉を保護してくれる。また、血流を増加させ、筋肉疲労の回復にも効果がある。￥987～（50㎜×5 m 1 巻）Ⓚ

アソス／シャーミィクリーム

ウエアの柔軟性、伸縮性、抗菌性を維持するための繊維保護クリーム。ショーツやタイツパッドなど、肌に触れる部分に塗りコーティングをすることで、肌とウエア間の摩擦を減らし、快適なライディングができる。￥2,100Ⓥ

Ride on Bike

ロードに乗ろう

初めての土地、懐かしい町、勝手知ったるいつもの道……と、走る場所は多種多様でも、安全・快適は絶対条件。清志郎流〝体＆自転車のメンテナンス〟を参考にして最高のコンディションで自転車に乗ろう。

ウオーミングアップ＆クールダウンに取り入れたいストレッチング

自転車を利用して筋肉を伸ばす

足首を３回ずつ回し、足首関節の柔軟性を高め、ふくらはぎとすねの筋肉をリラックスさせる。次に、自転車を支えにして腰を落とし、前にした脚は太ももの前側、後ろにした脚はアキレス腱やふくらはぎの筋肉を伸ばす。20〜30秒この姿勢を保ち、左右１回ずつ行う。

股《こ》関節周りの筋肉をほぐす

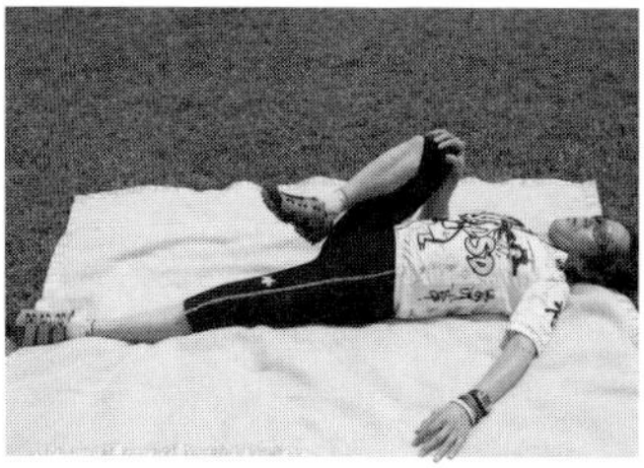

膝《ひざ》を手で持ち、股関節を中心に膝がなるべく大きく円を描くよう脚を回す。右回し３回、左回し３回を、１回転５秒以上かけてゆっくりと動かす。スムーズなペダリングには、股関節周りの小さな筋肉群の柔軟性が重要だ。

走る前のウオーミングアップで体を少しずつ暖めて負担を軽く。走った後のクールダウンでは疲れた筋肉をゆっくりとほぐそう。前後のケアで、ライディングをより楽しいものに。

腰周りの筋肉はひねって伸ばす

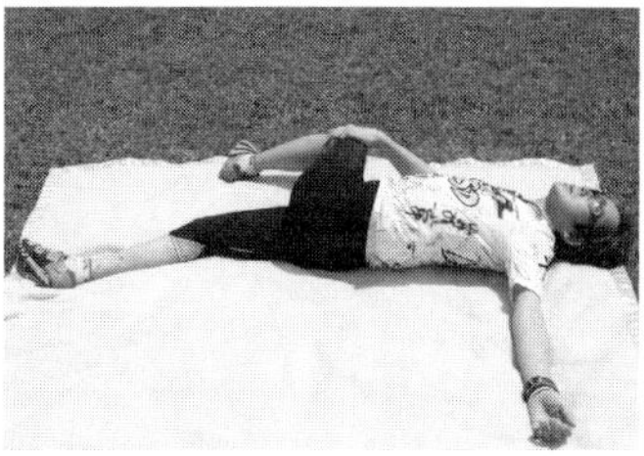

腰から下をひねるストレッチング。膝を手で持って腰周りの筋肉が痛くない範囲でひねる。効果的に伸ばすため、このポーズを20〜30秒間保とう。ストレッチングしている間は普通に呼吸すること。息を吐《は》くときに筋肉がゆるみ、無理なくさらに深くひねることができる。

太ももの前と後ろ、そして肩や首も

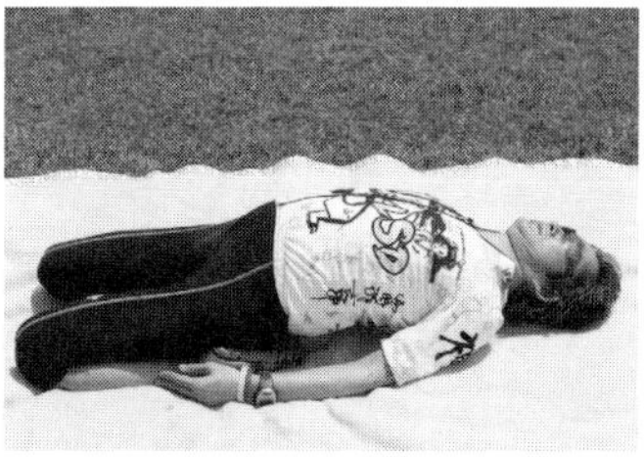

正座して、手で支えながらゆっくりと後ろへ倒れ込む。太ももの前側の筋肉や足首がよく伸びているのを確認し、この姿勢を20〜30秒保つ。次に、後転して腰を腕で支え、背中や肩、そして首をストレッチングする。この姿勢も同じく20〜30秒キープする。

下半身・上半身のストレッチ

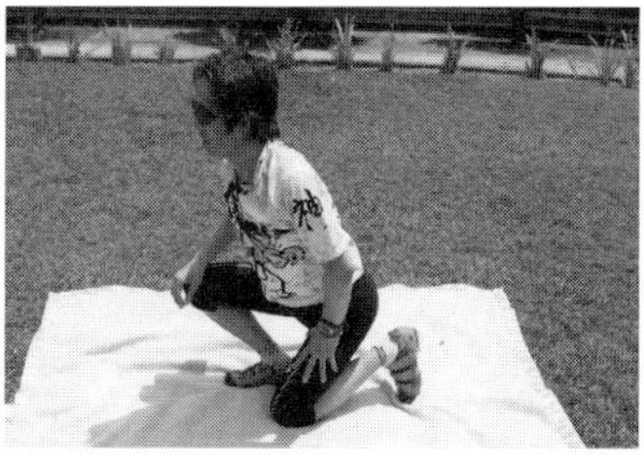

腕を上げ、反対の手で肘《ひじ》を持って痛くない範囲で内側へ引き寄せる。20〜30秒間、左右１回ずつ。続いて脚を広げて立ち、右手が左足に触れるまで腰をひねる。左右８回ずつ行ったあと、腰を下ろし、前に立てた脚の太もも前側のストレッチングを20〜30秒、左右１回ずつ行う。

LSD的ライディングスキル

体重を利用したダンシング

軽やかに自転車を左右に振る、立ちこぎの姿を「ダンシング」と呼ぶ。LSD的ダンシングは、サドルから腰を浮かしてペダルの上に立つ感じで、体重を利用してペダルを踏みおろす。それと同時に、タイミングよく踏みおろした足の反対側に自転車を傾けると、スムーズに行える。

ブレーキレバーを握って走る

ブレーキレバーの握り部分（ブラケット）を持って腕をまっすぐにして走ると、上半身を起こして呼吸を楽に行える。一方、腕を軽く曲げて走ると、路面からのショックを腕が吸収し、ブレーキレバーをすぐに引けるので、クルマや人の動きに素早く対応できる。

体重のかけ方やバーの握り方など、原理を理解し乗り方のコツを習得すると、おもしろいほど体が自転車にフィットする。すべては、大好きな自転車に、長くゆっくりと乗るために。

ドロップバーの上を握って走る

ドロップバーの上を握ると、握りと上体が近くなるので上半身を起こせる。この姿勢は、腹部の圧迫から開放されるため呼吸を楽にできる。酸素を体内に大量に取り入れる必要のある上り坂や、身体をリラックスさせ回復させる走りのときにこのポジションを使う。

腰を後ろへ引くブレーキング

ブレーキングすると同時に腕を伸ばし、腰をサドルの後ろへ移動させると、後輪のタイヤのグリップを助け自転車が安定する。止まるときは前ブレーキ7分、後ブレーキ3分のバランスで効かせる。速度は、前を軽く効かせて、後ろのブレーキの効きで微調整する。

自転車とライダー一体で曲がる

コーナーの手前で十分に速度を落とし、自転車と上半身の中心の傾きが一致するリーンウィズで、コーナー外側の足を下にしてペダルに体重をかけると自転車が安定する。30〜40m先を視野の中心に捉《とら》えると、思ったラインをトレースして走れる。

乗る前点検＆メンテナンス

変速機をチェック

走行中、もっとも気になる変速。クランクを回しながら右側の後変速レバーを１段分ずつ動かし、チェーンが大きいギア側へ１段分移動して変速するか確認しよう。

後輪を浮かし、クランクを回転させながら、ブレーキレバーの握り部分についている戻しレバーを１回押し、１段分外側の小さいギア側へチェーンが移って変速するかを確認する。

後変速機の動きが少しずれて、チェーンが隣のギアへ移るときにガチャガチャ音が発生した場合、アジャスター（写真右下）を４分の１回転ずつ右左へ回し、音鳴りを解消しよう。

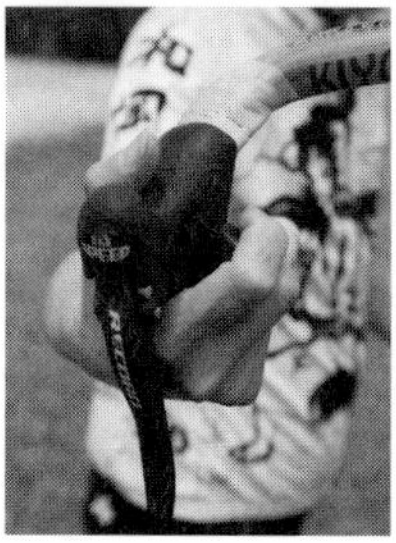

車輪をチェック

前後輪に取り付けられているタイヤの、路面に接地する部分（トレッドゴム）の傷を確認、パンクの原因になるガラスや金属片などを傷口から取り除いておくとパンクを防げる。

タイヤ空気圧はショック吸収性やグリップ力に関係する。オレンジ号の前後輪のタイヤは８気圧に設定。朝出発する前、空気圧メーター付きのフロアポンプで調整している。

空気圧メーターには誤差があるので使い慣れたフロアポンプを使おう（左のポンプはP105で紹介）。キューバの荒れた舗装路面や石畳走行では0.5気圧、タイヤ圧を低くして走った。

快適なツーリングのため、そしてなによりトラブル防止のために、出かける前にきちんと確認しておきたい項目を再現。変速機や空気圧、ネジのゆるみなどを点検・調整しておこう。

ゆるみをチェック

[ヘッド／ハンドル／サドル]

前ブレーキだけを効かせた状態で自転車を前後へゆすり、回転部分（ヘッド小物）のベアリングのゆるみがなく、しかもハンドルがスムーズに左右へ動かせるか確認しよう。

オレンジ号はドロップバーとステムが一体化されたモデル。前輪を脚で挟み、ハンドルに左右方向や下方向へ力を加え、ハンドルやステムが動かないか確認する（写真右上）。

後輪を脚で挟み、サドルの前後を持って回転させるように力を加え、サドルを取り付けたシートポストが、シートクランプでフレームにしっかり固定されているかを確認する。

[ボトルケージ／クランク／ペダル]

ボトルケージは2本のネジでフレームの台座に固定されているが、路面からの振動でボトルが動き、ネジはゆるみやすい。ボトルケージを手で動かしてネジのゆるみを確認しよう。

片側のクランクを握って左右へ力を加え（右上写真）、クランクを取り付けているハンガー小物(軸)の回転部分や、クランクとハンガーとの結合部分のゆるみがないかを確認しよう。

ペダルのシャフト（軸）がクランクにしっかり締め込まれているか確認しよう。右ペダルは向かって右へ回すと締まり、左ペダルは特殊な逆ネジのため向かって左へ回すと締まる。

メンテナンスに役立つ工具

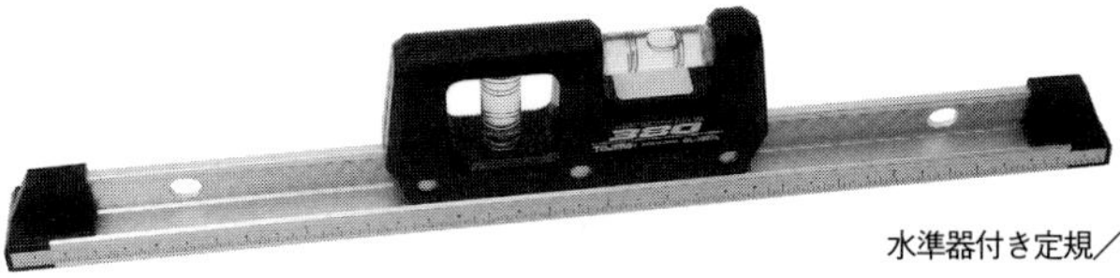

水準器付き定規／基本的にサドルは地面に対して水平になるよう設定するのがベスト。設定するとき、写真の水準器付き定規で測ると正確に水平にセッティングできる。

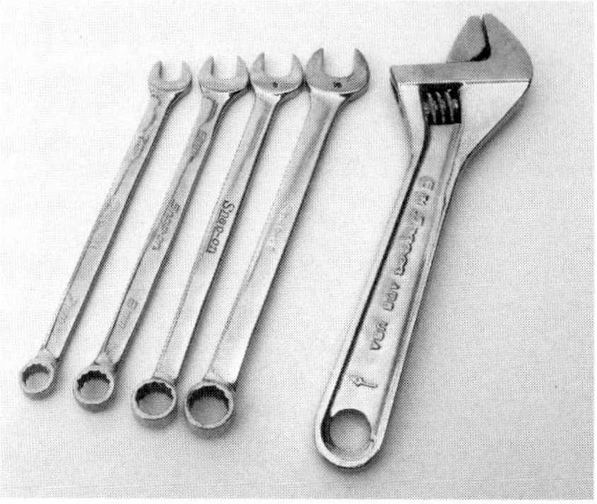

片メガネレンチ（左）／ナットを締められるメガネレンチと細かい作業に適したオープンレンチのセット。モンキーレンチ（右）／20㎜までのナットに対応。

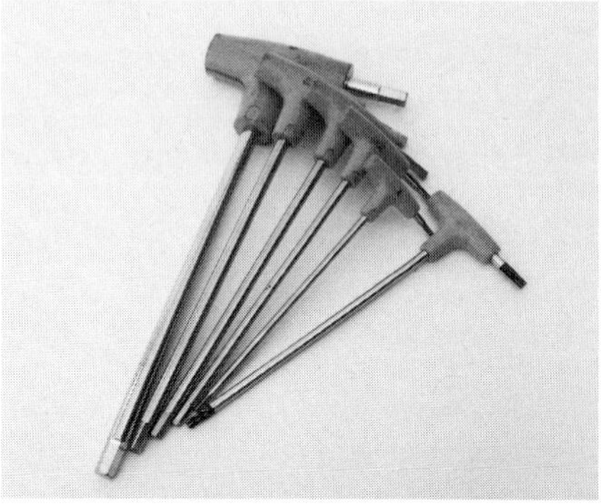

アーレンキー／F1やツール・ド・フランスなどのプロメカニックが愛用する、強度の高いバナジウム合金製六角レンチ。グリップ付きなので握りやすく作業がしやすい。

ボールポイント・アーレンキー／最高峰の強度と精度を誇るアーレンキー。細く狭い場所にあるネジの調整など、細かい作業がラクに行える。

チェーン工具／ギアの大きさに合わせて、チェーンを切ったり、つないだりする専用工具。携帯用工具にくらべ、チェーンをしっかり固定して、確実な作業ができる。

自宅でのメンテナンスは扱いやすい工具が一番。精度が高い工具を用意したい。自転車本来の性能を維持するスプレー類、パンク修理のパッチなども必需品。

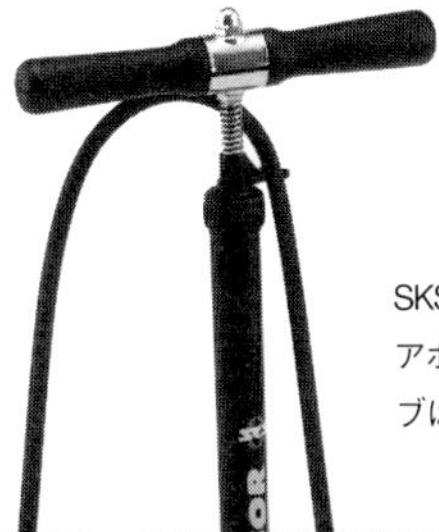

SKS・レンコンプレッサー／プロも愛用する圧力計付きフロアポンプ。本体はスチール製で最高16気圧まで注入可。バルブは仏式と米式に対応。高さ65㎝、重量2.5kg。¥10,290Ⓞ

メンテナンスに役立つ工具

ワコーズ／スーパージャンボ
自転車の各パーツの洗浄・脱脂に使用する洗浄スプレー。強力な噴射力で、汚れを分解。逆さ向きでも使用できるので作業がスムーズ。840mℓ　¥1,575Ⓣ

ワコーズ／ラスペネC
洗車後や、雨の中を走った直後に使えるスプレー式潤滑オイル。濡れているパーツの内部まで浸透して、サビを防ぐ特性がある。350mℓ　¥1,890Ⓣ

ワコーズ／メンテルーブ
浸透性に優れた多目的タイプのスプレー式潤滑オイル。粘度が低くブレーキワイヤーや変速ワイヤー、チェーンなどの潤滑に最適。180mℓ　¥1,575Ⓣ

ワコーズ／シリコングリース
耐候性の高い化学合成グリース。可動部分の滑らかな動きを実現させると同時に水やホコリの侵入を防ぐ。ネジに塗れば確実に締め付けられる。100g ¥2,415Ⓣ

ミヤタ／チューブラーテープTTP-1
チューブラータイヤをチューブラー専用のリムに張り付ける両面粘着性テープ。16mm×20m　¥3,675Ⓠ

パークツール／スーパーパッチ
チューブに開いた穴を塞《ふさ》ぐ、パンク修理用ゴムパッチ。密着性の高い接着剤を使用。¥535（6枚入り）Ⓜ

問い合わせ先

Ⓐ 取り扱いなし	
Ⓑ インターマックス	☎055-252-7333
Ⓒ オークリージャパン	0120-009-146
Ⓓ 甲（カブト）	☎06-6707-9470
Ⓔ カワシマサイクルサプライ	☎072-238-6126
Ⓕ キャットアイ・製品サービス課	☎06-6719-6863
Ⓖ ポラールお客様相談センター	☎03-5308-5741
Ⓗ 取り扱いなし	
Ⓘ ダイナソア	☎0742-64-3555
Ⓙ 日直商会	☎048-953-9771
Ⓚ 日本シグマックス	☎03-5326-3220
Ⓛ パールイズミ	☎03-3633-7556
Ⓜ ホーザン工具	☎06-6567-3132
Ⓝ 取り扱いなし	
Ⓞ ピーアールインターナショナル	☎052-774-8756
Ⓟ マルイ	☎078-451-2742
Ⓠ 宮田工業・お客様相談室	☎0467-85-1210
Ⓡ 明治製菓・健康サポートセンター	0120-858-660
Ⓢ ライトウェイプロダクツ	☎03-5950-6002
Ⓣ 和光ケミカル	☎0465-48-2211
Ⓤ A&Fカンパニー	☎03-3209-8828
Ⓥ RGTエンタープライズ	☎052-871-7155
Ⓦ TAK21	☎06-6764-4110

Travel 旅のガイド Information

出かけたくなったらもう、その瞬間から旅は始まる。海沿いを颯爽と走ろうか、峠を越えて温泉でゆっくりしようか。旅計画のヒントに、清志郎が挑戦したルートと周辺情報を紹介しよう（距離は概算）。

〝自転車の街〟カルデナスのモニュメント（キューバ）

CUBA

フロリダの南約145㎞、カリブ海域メキシコ湾の入り口に位置し、約1600の島や岩礁からなる群島キューバは、1492年、コロンブスの第一次航海のときに発見された（本島は全長約1250㎞）。民族のルーツは労働力として連れてこられたアフリカ人。そのアフリカを中心に、フランス、アメリカなど世界各国から持ち込まれた文化が、建築、音楽、絵画など独特のキューバンカルチャーを生み、いたるところで世界遺産として保護されている。

＜アクセス＞

日本からキューバへの直行便は、今のところない（2006年5月時点）。一般的には、①日本航空を使って、成田〜メキシコシティー（約15時間35分）、メキシコで1泊し、メヒカーナ航空でメキシコシティー〜ハバナ（約2時間30分）。②エアカナダを使って、成田〜カナダ・トロント、トロントで1泊して、トロント〜ハバナ。③コンチネンタル航空を利用すると、成田〜アメリカ・ヒューストン〜メキシコ・カンクン、メヒカーナ航空に乗り継ぎ、同日にハバナに入れる。また、キューバ入国の際は、ツーリストカードが必要となる。申請は、キューバ共和国大使館領事部／東京都港区東麻布1-28-2　☎03-5570-4481

★A ファンタジックな世界遺産の街、ハバナ。

世界遺産である、首都ハバナ旧市街地にあるカテドラル広場。ヨーロッパを始めさまざまな国の文化を吸収した旧市街は見ごたえ十分。

革命に影響を与えた思想家ホセ・マルティ像と記念塔がシンボルの、革命広場。清志郎のキューバ旅ではここをゴールに設定した。

アメリカ軍政下にあったころに建てられた、カピトリオ（旧国会議事堂）は、アメリカの国会議事堂を模してつくられたもの。

CUBA 5泊6日

走行距離452.0km

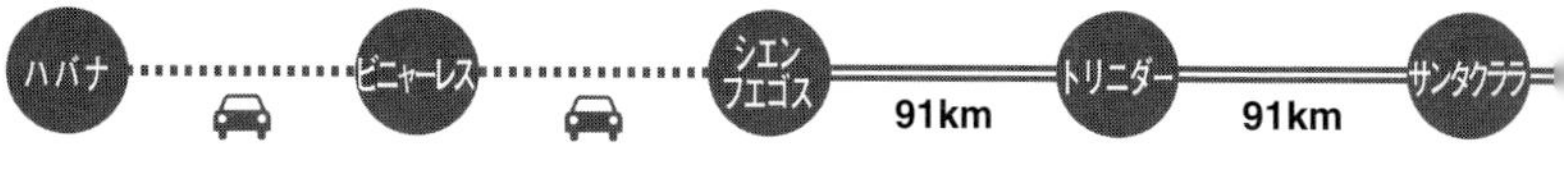

キューバを自転車で走る場合、もっとも難関なのが凸凹の道。舗装道路の状態が比較的よくて走りやすいのは、島の中心を通る高速道路と海沿いの道だ。ただし、高速は景色も単調でつまらないので、海沿いの道を選択したい。また、トリニダーからバラデロまでの道は勾配が厳しく、なかには車が上れないような坂もあるので、体力に自信のない人は、車での搬送を設けるか、時間に余裕をもって走ることをお勧めする。

洞窟のバー

世界遺産のビニャーレスの谷にある洞窟のバー。昼間から営業しており、ラム酒の産地でバー天国のキューバならではの光景だが、自転車走行中は炭酸水をゴクゴク。

自転車でホテル・ホッピングするために。キューバのホテル事情。

A シャトー・ミラマールホテル（ハバナ）

高級住宅街のミラマール地区にあり、キューバでは珍しく日本円が兌《だ》換《かん》ペソ（キューバ通貨）に変えられるホテル。☎53-7-204-1952

B ラ・エルミタホテル（ピナール・デル・リオ）

景勝地ビニャーレスの谷を見下ろす高台に建つホテル。早朝、運がよければ、ホテルから雲海が見られる。☎53-8-79-6071

C ラ・ウニオンホテル（シエンフエゴス）

フランス文化の影響を受けた建築様式で、古い街並みにしっくり溶け込む佇まい。室内やプールも趣がある。☎53-432-55-1020

チェ・ゲバラ霊廟《れいびょう》

アルゼンチンの旅人で、カストロとともにキューバ革命に命を捧げた英雄、チェ・ゲバラが安置されている場所。革命政権誕生は1959年。

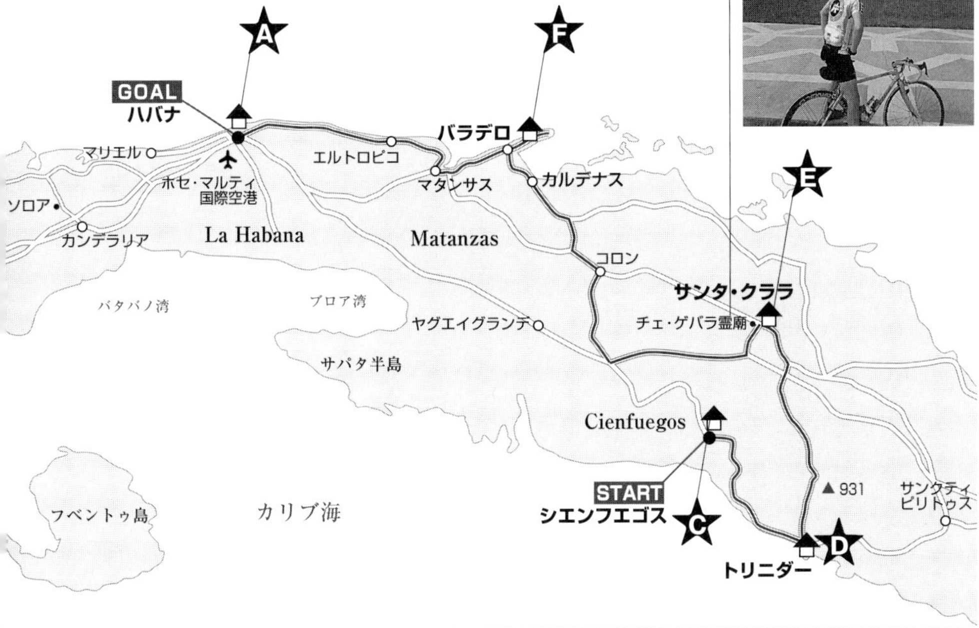

キューバのホテル予約は、個人的にするとなると至難の技。電話が通じなかったりダブルブッキングも普通にあるので、なるべく旅行会社を通して予約したい（ツーリストカードの申請も代行してもらえる）。

★D ホテル・イベロスター（トリニダー）

世界遺産の街、トリニダーの中心部にあり、観光にも便利な5ツ星ホテル。室内装飾がシックで落ちついた雰囲気。

☎53-419-6070

★E カルセル・ラ・グランジタ（サンタ・クララ）

ヤシの木に囲まれたコテージタイプのホテル。広い敷地内では、乗馬などもでき、アウトドア派向き。

☎53-42-21-8190

★F クラブ・アミーゴ（バラデロ）

キューバ最大のビーチリゾート地、バラデロにあるオールインクルーシブ（飲み放題、食べ放題）の大型ホテル。☎53-45-66-8243

HAWAII

走行距離160km

ハワイ・オアフ島で行われる自転車レース、ホノルルセンチュリー ライドは、時間を競うレースではなく、ファミリーからアスリートまで、だれもが参加できるイベントだ。ルート上に折り返し地点を設け、ワイキキ東端にあるカピオラニ公園がスタート＆ゴール。20マイル（32km）、25マイル（40km）、40マイル（64km）、50マイル（80km）、75マイル（120km）、100マイル（160km）と、海沿いを通る6つのコースはすべて快適。

カネオヘ・ベイ

全長10kmの砂浜が続く、島内最大の湾。沖まで穏やかな海面が続き、干潮時には、湾内に小島のような真っ白な砂州が浮かび上がる（写真上）。

マカプウ岬

オアフ島の東端にあり、太平洋が一望できるマカプウ岬は、ホエールウォッチング・ポイント。12月～4月にはザトウクジラを見ることができる。

ハナウマ湾

「ハナウマ」とは、ハワイ語で「湾曲した」という意味。その名の通り、三日月形に湾曲したビーチで、珊瑚《さんご》礁が発達し、海の透明度が抜群。

＜アクセス＞
東京成田〜ハワイ・ホノルルまで飛行機で約7時間。問日本航空・国際線予約・案内☎0120-25-5931（国際）センチュリーライドに参加したい人は、ツアーもある「ホノルル センチュリー ライド参加資格」健康な男女。ただし、13歳以下の参加者は保護者の同伴が必要。5歳以下は保護者との同乗が必要。問ホノルル センチュリー ライド受付事務局☎03-3541-1606(月曜〜金曜9:30〜17:30)

A オアフ島の象徴「ダイヤモンド ヘッド」

オアフ島のシンボルでもある、高さ228mの死火山のクレーター。土壌に混ざったキラキラと光る「方解石」が、ダイヤモンドと勘違いされたことから命名された。頂上までは、歩いて約45分。自転車レースの道は、火山の裾野《すその》に延びる「ダイヤモンド ヘッド通り」を走る気持ちのよいコース。

B レースの拠点「カピオラニ公園」

ワイキキの東端、ダイヤモンドヘッドの裾野に広がる、広大な「カピオラニ公園」は、センチュリーライドのスタート、ゴール地点。園内には、ハワイを象徴する大木、バニヤン・ツリーが点在し、そののどかな光景は、レース後の疲れを癒してくれる。ホノルルマラソンのゴールもこの公園。

B アメリカの水族館の老舗《しにせ》「ワイキキ水族館」

1904年に設立されたアメリカで3番目に古い水族館。自転車レース・の拠点、カピオラニ公園のなかにあり、ハワイ周辺海域に生息する生き物が約420種類展示されている。ハワイの固有アザラシ「ハワイアンモンクシール」など、貴重な生き物も間近で観察でき楽しめる。☎808-923-9741

B ファミリーサイクリストにお勧めの「ホノルル動物園」

カピオラニ公園手前にある動物園。ライオン、チーター、キリンなどが放し飼いされたアフリカン・サバンナエリアや、ハワイの珍しい鳥類を集めたトロピカル・フォレストエリアなど、プログラムが充実。ファミリーでレースに参加している人は、ぜひ立ち寄ってみたい。☎808-971-7171

沖縄 4泊5日

走行距離**325km**

那覇 —88km— 奥間 —76km— 平良 —79km— 浜比嘉島 —60km— 玻名城

沖縄本島を一周する約325㎞のツーリングコースは、那覇《なは》から国道58号線を北上し、海沿いの道を通る4泊5日コース。1日の走行距離は70〜90㎞。長距離走に自信のある人にはやりがいのあるコースだ。とくに人気なのが東海岸。アップダウンが多く上級者向きだが、右に「やんばるの森」、左に絶景の海と、沖縄の手つかずの自然を堪能《たんのう》できる。初心者は宿が多く比較的フラットな道の西海岸がお勧め。「完走祈る（清志郎）」

辺戸岬《へどみさき》

沖縄最北端、辺戸岬手前の逆バンクの下り坂カーブは、事故多発地点。とくに雨の日はスリップしやすいので、オーバースピードに注意。

松田《まつだ》三味線《しゃみせん》店

沖縄の伝統楽器「琉球三味線」の専門店。初心者は簡単な指導も受けられる。沖縄県那覇市辻2-2-17 ☎098-868-7767 営休不定。

勝連城跡

南東部、うるま市勝連にある世界遺産のグスク（城、とりで）。沖縄には13〜15世紀ごろの城が250以上もあり、自転車で巡るのも楽しい。

<アクセス>
飛行機で東京羽田～那覇空港まで約２時間30分。大阪関西空港～那覇空港、約２時間５分。料金など詳細は問い合わせを。問日本航空・国内線予約案内☎0120-25-5971（国内）

22km 那覇空港

A 地元に根づいた、沖縄そばの専門店

那覇の沖縄そば専門店「亀かめそば」は、独特のトンコツ、カツオだしのスープが地元で人気。メニューは、ポピュラーな「沖縄そば」、ヨモギ入り「ふーちばーそば」、肉入り「軟骨そば」の３種類のみ。那覇市若狭1-3-6　☎098-869-5253　営10：30～売り切れ終了　休日曜　料￥350～

B 伝統的な沖縄豆腐を味わう

海水苦汁《にがり》を使用し、昔ながらの薪釜を用いてつくる、伝統的な沖縄豆腐。煮込んでも崩れない固さと、大豆の旨味が活《い》きた希少な逸品。ただし、店に看板などはなく、直接行って購入するには、事前に予約が必要。問い合わせは国頭村役場／国頭郡国頭村辺戸名121　☎0980-41-2101　営休不定

C ツーリングの中継地に便利なホテル

「ツール・ド・沖縄」のベースとしても使われてきた、コテージタイプのホテル「JAL プライベートリゾート オクマ」。沖縄一周ツーリング１泊目の宿泊地として活用できる。宿泊中の自転車の保管についてはフロントで。国頭郡国頭村奥間913　☎0980-41-2222　料１泊朝食付き￥13,000～（ひとり）。

D 自転車で走っていける「浜《はま》比《ひ》嘉《が》島《じま》」

沖縄東部に位置する離島「浜比嘉《はまひが》島《じま》」は、海の透明度が高く景観に富み、ツーリングに気持ちのよい場所。周囲約７kmの島内には、昔ながらの赤瓦《あかがわら》屋根の建物が並び、沖縄独特ののんびりした雰囲気が漂っている。また、本島と離島をつなぐ橋「海中道路」（右写真）も、サイクリングに快適な道だ。

九州 9泊10日

走行距離**1422km** 東京 135km 沼津 189km 豊橋 158km 彦根 114km 大阪

1日平均142kmを走り、箱根や関《せき》ヶ《が》原《はら》などの峠をいくつも越えていく上級者向きのロングツーリングコース。東京・日本橋から大阪までは主に国道1号線を走り、大阪からは海岸線に沿って走行。途中、名古屋城や赤《あ》穂《こう》城《じょう》跡など史跡を訪れるのも楽しい。お勧めポイントは尾道《おのみち》から今治《いまばり》までのしまなみ海道《かいどう》。日本で初めてつくられた海峡横断自転車道には、各島に宿泊所もあり、数日かけてのツーリングも楽しめる。

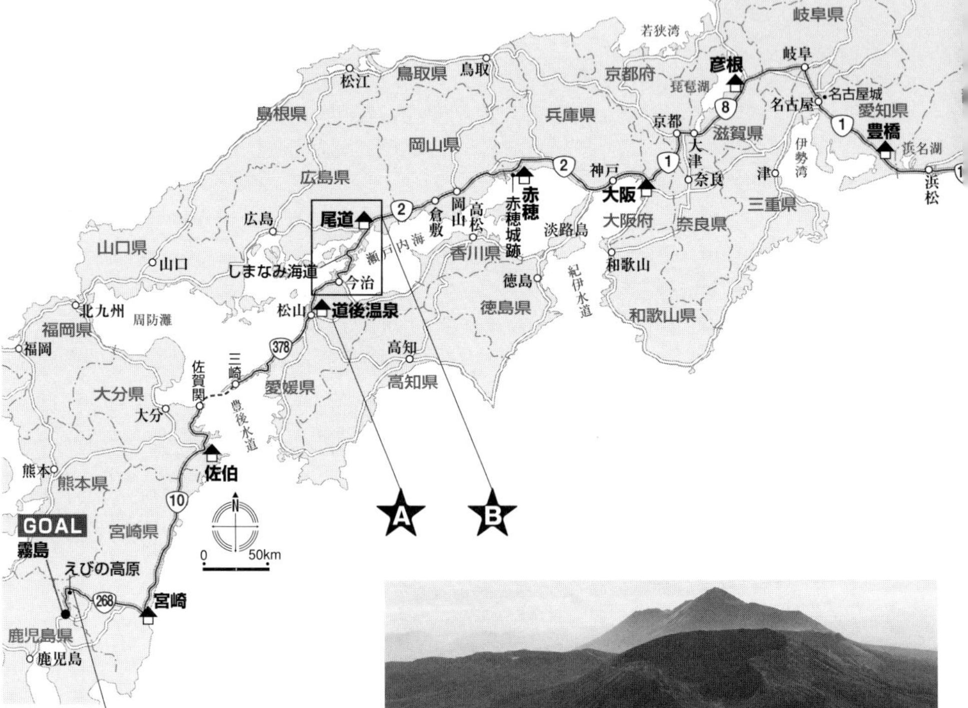

えびの高原

宮崎県西部に位置する、標高約1200mの高原。御池《みいけ》、白紫《びゃくし》池、不動池が点在する。ここでしか咲かない「ノカイドウ」は、国の天然記念物。

135km 赤穂 142km 尾道 134km 道後温泉 155km 佐伯 150km 宮崎 110km 霧島

A 日本最古の温泉「道後《どうご》温泉」

聖徳太子《しょうとくたいし》が入浴したとも伝えられている、日本最古の温泉。道後温泉本館（写真）は明治27年に建てられ、国の重要文化財に指定されている。アルカリ性単純温泉で、ツーリング時の筋肉痛や疲労回復に効果がある。愛媛県松山市道後湯之町5-6 ☎089-921-5141 営通年6：00～23：00 料￥400～

B サイクリストの聖地「しまなみ海道《かいどう》」

広島県尾道から、愛媛県今治まで、瀬戸内海の島々を橋で結ぶ全長約80kmの海上道路。自転車専用ルートが整備されている橋の数は全10本。自転車で海峡横断が楽しめる。またルート上、計14か所で自転車がレンタルでき（1日￥500、乗りすて￥1500）、走りたい区間だけサイクリングすることも可能だ。

大三島《おおみしま》海道自転車道

因島《いんのしま》大橋

生口《いくち》大橋

多々羅《たたら》大橋

来島海峡《くるしまかいきょう》大橋

四国 3泊4日

走行距離239km

霊山寺 —34km— 鴨島 —68km— 立江 —62km— 日和佐 —75km— 室戸岬

弘法大師《こうぼうだいし》（空海《くうかい》）ゆかりの地、八十八か所を巡る「四国遍路《へんろ》」は、修行の道ということもあって、険しい坂道が多い。とくに、焼山寺《しょうさんじ》、鶴林寺《かくりんじ》、太龍寺《たいりゅうじ》に向かう上り坂は、「遍路ころがし」とも呼ばれるほどの難所。舗装されておらず、自転車は、多少回り道をしても整備された舗装道路を通ることをお勧めする。また、23番～24番札所がある室戸岬《むろとざき》までの道は、海沿いのフラットな道で距離が長く、快適に走れる。

梨《なし》ノ木《き》峠《とうげ》

本来の遍路ルートから、東寄りの県道31号線は、蛇行が多く、アップダウンが厳しい上級者向き。初心者は本来の遍路道がベスト。

星《ほし》の岩屋《いわや》

19番札所「立江寺《たつえじ》」の奥の院。八十八か所番外霊場で、弘法大師が悪星を引き下ろし、封じ込めたと伝わる岩屋。徳島県勝浦郡勝浦町大字星谷

室戸岬《むろとざき》

岩場の広がる室戸岬は、弘法大師が悟りを開いたとされる場所。１番札所からこの岬まで、自転車なら４日前後で走ることができる。

A 四国遍路最初の難所「焼山《しょうさん》寺《じ》」

標高約700mに位置する12番札所、焼山寺に向かう道は、遍路最初の難所。歩き遍路は「遍路ころがし」と呼ばれる本格的山越えルートを、自転車は舗装道路を行くのが一般的。ただし舗装道も斜度15%の急坂があり健脚派向だ。徳島県名西郡神山町下分字地中☎088-677-0112 営通年。7:00～17:00。

B 筋トレ派にお勧めの「鶴《かく》林《りん》寺《じ》」

20番札所、鶴林寺への道も厳しく、標高500mの急坂がある。脚力に自信のある人はぜひ挑戦したい。ただし境内への自転車の乗り入れは禁止されているので、駐車場にとめて参拝する。徳島県勝浦郡勝浦町生名鷲ヶ瀬14。 ☎0885-42-3020 営通年。7：00～17：00。(写真提供：勝浦町産業建設課)

C 山のなかの霊場「太《たい》龍《りゅう》寺《じ》」

標高約600mの太龍寺山頂にある21番札所。寺領にある樹齢数百年の巨スギや大ヒノキが見事。太龍寺に向かう遍路道は未舗装路や階段が続く。そこで迂《う》回《かい》ルートとして国道195号線から延びるロープウェーを利用したい。徳島県阿南市加茂町龍山2 ☎0884-62-2021 営通年。7:00～17:00。

D 海沿いの道にある寺「薬《やく》王《おう》寺《じ》」

薬師如来像《やくしにょらいぞう》を本尊とし、厄除《やくよけ》の寺としても有名な23番札所。本堂へは長い石段が続くので自転車は駐車場に止めて参拝する。海から近く、高台にあるので境内からはアカウミガメの産卵地として知られる大浜海岸が望める。薬王寺から室戸岬に向かうルートは、これまでの山道とは一変し、海を眺めながら走行でき快適。一般的に徒歩で2日かかる道のりも自転車なら1日で走破することも可能だ。ただし、途中、食料や飲み物を購入できる場所が少ないので薬王寺を出発する際には飲み物と食料を十分に揃えておきたい。徳島県海部郡日和佐町薬王寺 ☎0884-77-0023 営通年。7:00～17:00。

箱根 3泊4日

走行距離358km

新宿 —108km— 宮ノ下 —86km— 石和温泉 —74km— 秩父 —90km— 新宿

東京から鎌倉《かまくら》、江《え》の島《しま》、小田原《おだわら》を抜ける道は、車の往来が激しいので注意が必要。箱根駅伝でも知られる宮《みや》ノ下《した》から三国峠《みくにとうげ》を通る峠道は、勾配約18%の厳しい上り坂が続く。足に自信がある人はぜひチャレンジしてみたい。石和《いさわ》温泉から秩父《ちちぶ》に入る山間の道は、奥秩父の自然を堪能《たんのう》できる快適コース。また、秩父から福《ふっ》生《さ》、国立《くにたち》を抜けて新宿にもどる道は、車が多いが比較的道路がフラットなので走りやすい。

竹やぶのなかの温泉

奥秩父にある旅館「竹取物語」の竹やぶのなかの温泉（P59）はお勧め。埼玉県秩父市荒川上田野56 ☎0494-54-1102
料 1泊2食付き￥13,200～。

自転車禁止のトンネル

石和温泉～秩父間にある雁坂《かりさか》トンネルは、自転車走行禁止。回り道ができないためトンネル手前の道の駅で、タクシーを呼ぶかヒッチハイクが必要。

富士山を望みながら走る

三国峠を下ったところにある山中湖畔沿いの道は、富士山を望みながら走れる快適なサイクリングロード。平たんな道なので初心者でも安心。

A 箱根のシンボル「富士屋《ふじや》ホテル」

日本の美を象徴する社寺づくりの外観とクラシックな趣きの室内、アンティークな家具が歴史を偲《しの》ばせる創業明治11年の老舗《しにせ》ホテル。チャップリンやヘレンケラー、ジョン・レノンなど多くの有名人が宿泊した。神奈川県足柄下郡箱根町宮ノ下359　☎0460-82-2211　料¥21,090（1室2名）～。

B 文豪ゆかりの茶屋「御坂峠《みさかとうげ》・天下茶屋」

天下茶屋が建設されたのは昭和9年。木造2階建ての茶屋で、当時2階は宿泊所としても使われ、井《い》伏鱒二《ぶせますじ》、太宰《だざい》治《おさむ》など多くの文豪が滞在した。現在2階は文豪達の足跡を記した記念館。1階の茶屋では、ほうとう、蕎麦《そば》などが食べられる。山梨県南都留郡富士河口湖町河口2739　☎0555-76-6659

C ツーリングの疲れを癒す「石和《いさわ》名湯館・糸《いと》柳《やなぎ》」

明治初期に前身の旅館が創業した、石和温泉の老舗旅館。この旅館のウリは掛け流し温泉。とくに日本一の広さを誇る貸し切り風呂「奥の湯」「万葉の湯」は天井が高く、ゆったりとくつろげ、旅の疲れを癒してくれる。山梨県笛吹市石和町松本1183　☎055-262-3141　料1泊2食付き¥15,000（ひとり）～。

D 自転車で巡りたい「秩父三十四か所観音霊場」

左／発願《ほつがん》の寺1番札所「四萬部寺《しまぶじ》」。観音堂は元禄時代の建築物で、県指定文化財。中／23番札所「音楽《おんがく》寺《じ》」。その名前から、音楽を志す人たちがヒット祈願に訪れることが多い。右／34番札所「水潜寺《すいせんじ》」。時間に余裕があれば、秩父三十四か所を自転車で巡るのも楽しい。秩父札所連合会　☎0494-25-1170

東北 9泊10日

走行距離**1048**km

東京 — 150km — 日光 — 87km — 那須湯本温泉 — 150km — 飯坂温泉 — 87km — 仙台 <2泊>

俳人・松《まつ》尾《お》芭蕉《ばしょう》が歩いた『奥の細道』は、自転車のツーリングコースとしても楽しめる。日光から那須《なす》湯本《ゆもと》を通るルートには、10km以上も続くゆるやかな上り坂があるので、脚力と持久力が必要。ツーリング途中の見所は、日本三景の松島《まつしま》や中尊寺《ちゅうそんじ》、出羽三山《でわさんざん》などの名勝地や史跡で、ゴール地点を秋田県・象潟《きさかた》に設定すると、史跡に立ち寄りながら10日前後で走れる。

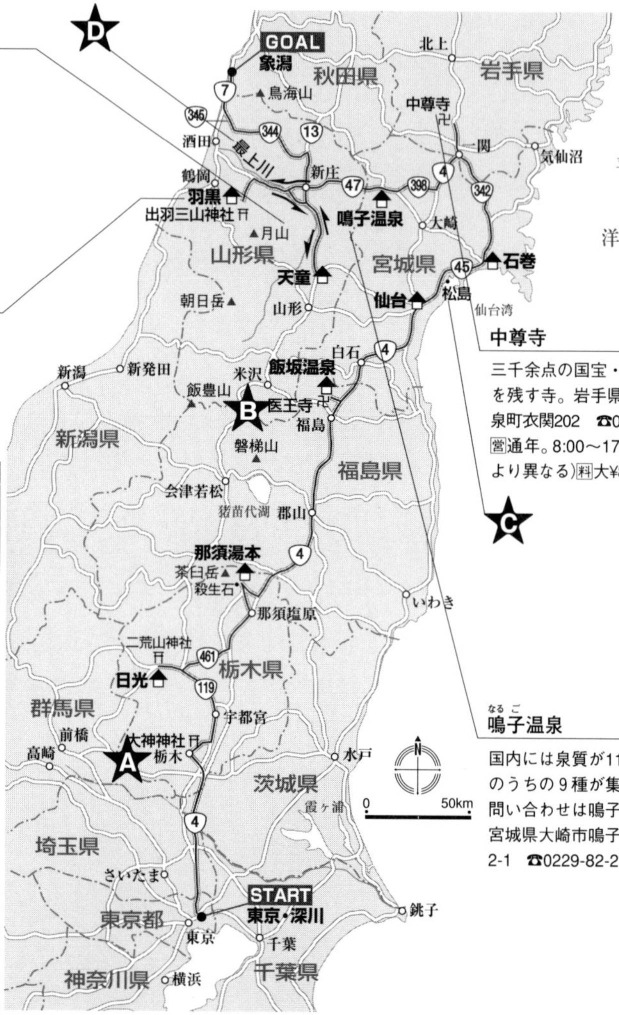

月山《がっさん》

山形県で、芭蕉の足跡を巡ると、出羽三山《でわさんざん》の主峰である月山に突き当たる。標高約1984mの悠々しい山並みを望みながら自転車で走るのも楽しい。

宿坊神林勝金《しゅくぼうかんばやしかつかね》

寺院に参拝した人のための、宿泊所。旅人も泊まれる。山形県鶴岡市羽黒町手向3 ☎0235-62-2273 営4月中旬～11月。料1泊2食¥7,350。

中尊寺

三千余点の国宝・重要文化財を残す寺。岩手県西磐井郡平泉町衣関202 ☎0191-46-2211 営通年。8:00～17:00（時期により異なる）料大¥800、小¥200。

鳴子《なるご》温泉

国内には泉質が11種あり、そのうちの9種が集まる温泉郷。問い合わせは鳴子町観光協会。宮城県大崎市鳴子温泉字湯元2-1 ☎0229-82-2102

55km 石巻 151km 鳴子温泉郷 112km 羽黒 115km 天童 141km 象潟海岸

A ツーリング途中で立ち寄りたい「大神《おおみわ》神社」

境内に、橋でつながれた八つの島がある神社。それぞれの島にも神社が鎮座され、「室《むろ》の八島《やしま》」という『奥の細道』最初の歌枕にもなった。ただし境内に行く道は、未舗装路や石畳なので、ロードレーサーでの乗り入れは難しい。手で押していく必要がある。栃木県栃木市惣社町447　☎0282-27-6126

B 弘法大師《こうぼうだいし》・空海《くうかい》が開いた「医王寺《いおうじ》」

826年、空海が開いたとされる寺。芭蕉ゆかりの寺としても知られ、立ち寄った際に詠んだ句が残る。仏師・運慶《うんけい》の彫った薬師仏が安置された薬師堂など、歴史好きの人にはこたえられない場所だ。福島県福島市飯坂町平野字寺前45　☎024-542-3797　営通年。8：30〜17：00。料大￥300、中高生￥200。

C 日本三景のひとつ、「松島」を望む、快適コース

宮城県松島湾内に点在する大小260余りの島々がおりなす複雑な地形が見どころの景勝地。自転車旅では島々を眺めながら走れる海沿いの道がお勧めだ。また、時間に余裕があれば、松島湾を一望できる展望地、新富山に登ってみたい。ただし展望地付近は未舗装なので、ロードレーサーは注意。

D 芭蕉も船下りを楽しんだ最上川《もがみかわ》

山形と宮城の県境の朝日《あさひ》・吾妻《あづま》連峰を源とする日本三急流のひとつ。ライン下りの舟には自転車も乗船できるので、旅の途中、最上川クルーズでひと息つくのも一案。山形県最上郡戸沢村大字古口86-1。☎0233-72-2001。営通年。9：00〜16：00。料中学生以上￥1,970、小学生以下￥990。（最上峡芭蕉ライン観光）

「忌野清志郎
イマワノキヨシロウ
自転車列伝」

今や日本の自転車界に大きな影響を与える存在となった、ロックンローラー・サイクリストの忌野清志郎。あとがきにかえて、その自転車の歴史を紹介する。

1818年ごろ ドイツのドライス男爵が木製の自転車、ドライジーネを考案しその後の二輪車の発展に大きく寄与。重さ18kg、忌野清志郎の自転車の約３倍の重さ。

1861年 フランスのミショー親子は、ペダルを踏みながら回すペダル・クランクを前輪に装着した二輪車を考案。忌野清志郎が誕生する90年前のことである。

1868年 からくり人形製作で有名な、からくり儀右衛門《ぎえもん》（田中久重《ひさしげ》。忌野清志郎との血縁関係はいっさいない）が、二輪車と三輪車を製造する。

1869年 パリで最初のサイクルショーが開かれ、パイプ・フレーム、泥除け、ワイヤー・スポーク、前輪ブレーキなどが「発明品」として展示される。

1870年 竹内寅次郎は、当時外国人が乗っていた車をモデルに三輪車をつくり、「自転車」というブランド名で販売。以降、自転車という言葉が一般的になる。

1900年 日本ではじめて自転車専門月刊誌『自転車』創刊。8月、鶴田勝三が自転車で富士登山を決行し記事に。101年後、忌野清志郎も峠越えを決行。

1910年 三越百貨店が、白塗りXフレームの自転車を使って集配する、メッセンジャーボーイを組織。忌野清志郎が生まれる41年前のことである。

1936年 日本サイクル競技連盟が、国際サイクリスト連合（UCI）に加盟。ベルリン、チューリヒでの世界選手権に日本の自転車競技選手が初出場。

1951年 ロックンローラー・サイクリスト忌野清志郎、ついに東京で産声をあげる。その後の日本の自転車界の発展に大いに影響を与える人物となる。

1966年 ロードバイク・ブームが勃発《ぼっぱつ》し、多段変速機付き自転車の生産が急増。忌野清志郎もブームに乗り、ドロップハンドルのロードレーサーを購入。

1971年　ヒッピーブームのアメリカで、「自然環境に優しい自転車に乗ろう」という「バイコロジー運動」が提唱され、自転車がラブ＆ピースの象徴となる。

1981年　第１回国際ロードレース大会が、東京と大阪で開催。アウトドアマガジン『BE-PAL』が創刊し、マンテンバイク（1978年誕生）が流行し始める。

2001年　忌野清志郎、自転車に乗ることを思い立ち、「チームLSD」を結成。９月、ツール・ド・鹿児島に出発、10日間かけて1422kmを走破する。

2002年　忌野清志郎、ツール・ド・奥の細道に出発。東京・深川《ふかがわ》〜秋田・象潟《きさかた》、1048kmツーリング。この模様はNHKにて放送される。

2003年　忌野清志郎、ハワイ・ホノルル センチュリー ライドに初参加。100マイル、160kmを完走し、以来毎年の恒例行事となる。

2004年　忌野清志郎、ツーリング取材で訪れた沖縄で落車。生涯初の骨折、入院、手術、点滴を体験する。が、同９月にはハワイのレースで自転車復活。

2005年　忌野清志郎の自転車が盗まれ、各新聞、テレビでトップニュースになり大騒ぎ。その後、発見されハワイのレースに参加。

2006年　忌野清志郎、４月に社会主義国のキューバをツーリングし、452kmを走破。６月10日、著者はじめての自転車本『サイクリング・ブルース』発売。

（資料：自転車博物館、自転車文化センター、日本自転車産業振興会）

忌野清志郎

バンドマン。1968年高校在学中にRCサクセション結成。1970年「宝くじは買わない」でデビュー。「雨あがりの夜空に」「スローバラード」「い・け・な・いルージュマジック」など多種多様なヒット曲を放ち人気と実力両面で日本のロックシーンを代表する存在となる。また、10年連続武道館公演などの実績を残す。91年バンド活動休止後もソロ活動の他、映画・ドラマ出演や絵本の執筆、サイクリストなど活動は多岐に渡る。Blu-ray/DVD/CDとして発売されている、2008年2月10日に行われたライブ『忌野清志郎 完全復活祭 日本武道館』は、武道館史上最高の動員数を記録した。RCサクセションがまだ3人だったデビュー直後1972年〜1973年の貴重すぎるライブ音源集『悲しいことばっかり（オフィシャル・ブートレグ）』、2013年5月に発売。

ROLLING
STONES
Saeco

CLING
BLUES
CAMPAGNOLO

題字／忌野清志郎

デザイン／鈴木たると

撮影／茶山浩、藤田修平、森　寛一、西村千春（小学館）

構成／松浦裕子

自転車監修／藤下雅裕

地図製作／エルフ

協力／ベイビィズ、日本航空、アサツーディ・ケイ、日本放送協会、
『サイクルスポーツ』、『一個人』

取材／BE-PAL編集部

取材アシスト／田戸恵輔

編集／小林範子（小学館）

※p76～p106で紹介している商品の問い合わせ先はp107をご覧ください。
掲載の情報は、2006年5月に取材したものです（問い合わせ先のみ2013年8月に情報更新）。
※p108～123の国内連絡先についても、2013年8月に一部修正を加えております。

『サイクリング・ブルース』

2006年7月1日　初版第1刷発行
2020年9月6日　初版第7刷発行

著者／忌野清志郎

発行者／水野麻紀子

発行所／株式会社 小学館

〒101-8001 東京都千代田区一ツ橋2－3－1
電話／編集　03－3230－5916
　　　販売　03－5281－3555

DTP／株式会社昭和ブライト

印刷所／大日本印刷株式会社

製本所／株式会社難波製本

造本には十分注意しておりますが、印刷・製本など製造上の不備がございましたら、
「制作局コールセンター」（☎0120-336-340）にご連絡ください。
（電話受付は土・日・祝休日を除く9:30～17:30）

ISBN4-09-366532-X